Inhalt

Auf den ersten und letzten Seiten des Buches findest du alle vorgestellten Arten als Übersicht.

Holger Haag

Welcher GARTEN-VOGEL ist das?

85 VOGELARTEN VOR DEINER HAUSTÜR

KOSMOS

Impressum

Mit Illustrationen von: Paschalis Dougalis (65): S. 11, 14, 18, 19, 21, 23, 24, 27, 30, 31, 32, 33, 34, 36, 37, 38, 42, 43, 45, 47, 48, 49 m., 50, 55, 57, 59, 60, 61, 62, 64, 66, 69, 73, 74, 75, 77, 79, 80, 83, 84 r., 85, 89, 91, 93 o.m., 95 o.m. und m.m., 97; Esther von Hacht (3): S. 71, 101 u.l. und u.r., Milada Krautmann (1): S. 93 m.r.; NABU/ Christine Kuchem (3): 98-99; Steffen Walentowitz (53): S. 8, 10, 12, 13, 15, 16, 17, 20, 22, 25, 26, 28, 29, 35, 39, 40, 41, 44, 46, 49 o., 51, 52, 53, 54, 56, 58, 63, 65, 67, 68, 70, 71, 72, 76, 78, 81, 82, 84 l., 86, 87, 88, 90, 93 o.r., m.l., m.m., u. beide, 94 o.o. und o.u., m.o. und m.u., u. beide, 101 u.m.; Jürgen Willbarth (1): S. 93 o.l.

Mit Farbfotos von:
Adobe Stock.com: cogipix (1): S. 94 m.o.; Philipp Gabrys (1): S. 38; K.-U. Häßler (2): S. 21, 64; jesige (1): S. 100 o.; Henrik Larsson (1): S. 80; Mammut Vision (1): S. 33; pixeltrap (1): S. 94 o.
Dreamstime.com: Christine Nicols (1): S. 44
Shutterstock.com: Viktor Busel (1): S. 47; FJAH (1): S. 70; Fotokostic (1): S. 96 u.; fpolat69 (1): S. 75; Gallinago_media (1): S. 103 (Sticker); neil hardwick (1): S. 60; Miroslav Hlavko (1): S. 9 o.; Gertjan Hooijer (1): S. 28; Ihor Hvozdetskyi (1): S. 104 o.; Vitaly Ilyasov (1): S. 43; Andy Jenner (1): S. 18; KasperczakBohdan (1): S. 32; Kazakov Maksim (1): S. 62; Werner Lehmann (1): S. 63; Jo Lomark (1): S. 9 m.; Wilfred Marissen: S. 2-3; Nature Bird Photography (1): S. 11; Peti74 (1): S. 105 m.; Paul Reeves photography (1): S. 69; Ben Queenborough (1): S. 73; uris Sturainis (1): S. 9 r.; Roman Teteruk (1): S. 79; Vishnevskiy Vasily (2): S. 30, 42; Nick Vorobey (3): S. 31, 34, 57
iStockphoto.com: Andyworks (1): S. 55; Copit (2): S. 97 beide; god_engine (1): S. 92 o.; MNStudio (1): S. 92 u.
Weitere: Robert Groß (4): S. 17, 20, 25, 41; Thomas Grüner (1): S. 29; Frank Hecker (21): S. 23, 37, 50, 66 r., 77, 83, 85, 96 m., 94 u., 100 u., 102 (außer u. l.), 103 (außer Sticker), 104 u., 105 o., u., 106, 107; Manfred Höfer (2): S. 53, 81; Kosmos-Archiv (1): S. 110; Alfred Limbrunner (4): S. 26, 52, 68, 82; Pia Reichert (2): S. 95 beide; Rudolf Schmidt (1): S. 45; Rudolf Schmidt/Frank Hecker (2): S. 66 l., 102 u. l.; Peter Zeininger (5): S. 14, 49, 67, 71, 72

Die 84 Aufnahmen der Vogelstimmen, die über die „KOSMOS-Plus-App" abrufbar sind, stammen von Jean C. Roché.

Umschlaggestaltung von Nakischa Scheibe unter Verwendung einer Fotografie von K.-U. Häßler/Adobe Stock.com (Stieglitz)

Klappengestaltung von Nakischa Scheibe unter Verwendung von Illustrationen von Paschalis Dougalis (Mauersegler, Rauchschwalbe, Mehlschwalbe, Turmfalke, Mäusebussard) und Steffen Walentowitz (Rotmilan) und weiteren 12 Illustrationen aus dem Innenteil (Vogeluhr).

Unser gesamtes lieferbares Programm und viele weitere Informationen zu unseren Büchern, Spielen, Experimentierkästen, Aktivitäten, Autorinnen und Autoren findest du unter **kosmos.de**

Gedruckt auf Cradle to Cradle™ zertifiziertem Papier.

ISBN: 978-3-440-17573-6
Redaktion: Dr. Heike Herrmann, Veronika Lang
Layout: Nakischa Scheibe, Sigrid Walter
Satz: Nakischa Scheibe
Produktion: Lena Santamaria
Druck und Bindung: Gugler Print
Printed in Austria/Imprimé en Autriche

*Nr 1 Button: * Quelle: Media Control MC Metis, Deutschland, FY 2022, WG 420- Natur und WG 422-Naturführer, Umsatz*

Haftungsausschluss

Alle Angaben in diesem Buch erfolgen nach bestem Wissen und Gewissen. Sorgfalt bei der Umsetzung ist indes dennoch geboten. Der Verlag und der Autor übernehmen keinerlei Haftung für Personen-, Sach- oder Vermögensschäden, die aus der Anwendung der vorgestellten Materialien und Methoden entstehen können.

Inhalt

Seite

Hallo, liebe Vogelfreundin und lieber Vogelfreund!

In diesem Buch findest du rund 85 der häufigsten Vögel, die in Gärten, Parks und Siedlungen vorkommen. Der Garten ist ideal, um mit dem Vogelbeobachten anzufangen. Du kannst bequem vom Fenster oder Gartenstuhl aus die Vögel sehen und die Artenvielfalt ist noch recht übersichtlich. Mit etwas Geduld und einer Portion Glück entdeckst du im Laufe der Zeit die meisten Vögel aus diesem Buch in deinem Garten, als ständiger Gast, auf der Durchreise oder beim eben mal Überfliegen.

10 Vögel etwa so groß wie ein Spatz

Der Grünling 031

wird auch Grünfink genannt

Wie sein Name schon sagt, ist der Grünling vor allem grün gefärbt. Die Männchen haben eher gelblich graugrüne Federn, die Weibchen ein blasseres braungrünes Gefieder. Das gelbe Flügelfeld und den dicken Schnabel haben beide. Der Gesang erinnert mit seinen trillernden und zwitschernden Tönen ein wenig an einen Kanarienvogel. Ansonsten ruft der Grünling häufig quäkend „dschwäää".

Schau genau!

An den Schnäbeln der Vögel kannst du meist leicht erkennen, was sie fressen. Der dicke, klobige Schnabel des Grünlings ist gut geeignet, um größere Samen wie Sonnenblumenkerne und Bucheckern zu knacken oder um Früchte und Beeren zu fressen.

Weibchen an Hagebutten

Männchen

Der Grünling ist ein häufig vorkommender Vogel in Parks, Gärten, Dörfern und an Waldrändern. Er baut sein Nest gern in dichten Nadelbäumen und -büschen, meist in mehr als 2 m Höhe. Im Winter bilden sich oft kleinere Schwärme, die auch gemeinsam an die Futterhäuschen kommen.

Der Grünling wird 14 bis 16 cm groß.

Der Grünling kommt ganzjährig vor.

Jan Feb Mär Apr Mai Jun Jul Aug Sep Okt Nov Dez

Bestimmen leicht gemacht

Die jeweilige **Farbe** am oberen Rand jeder Seite hilft dir bei der Suche nach den verschiedenen Vogelarten. Die unterschiedlichen Farben der Kapitel stehen für bestimmte Größenklassen. Anhand der folgenden Größen sind die Vögel in diesem Buch geordnet:

Vögel etwa so groß wie ein Spatz

Vögel etwa so groß wie ein Star

Vögel etwa so groß wie eine Elster

Vögel etwa so groß wie eine Gans

Außerdem findest du auf jeder Seite noch folgende Zeichen:

Der Text neben dieser **Landschaft** verrät dir, wo der Vogel lebt und sich bevorzugt aufhält. Darüber hinaus erfährst du, ob die Vogelart im Winter bei uns bleibt oder zum Überwintern in den wärmeren Süden fliegt.

Damit du nicht nur die ungefähre Größe des Vogels weißt, steht unten auf den Seiten neben dem Größenzeichen jeweils noch die genaue **Größenangabe** in Zentimetern.

Die **farbige Leiste** ganz unten auf der Seite zeigt dir auf einen Blick an, in welchen Monaten du den jeweiligen Vogel beobachten kannst. Der Neuntöter kommt bei uns zum Beispiel von Mai bis September vor, deshalb sind diese Monate farblich markiert.

Hinter dem Vogelnamen findest du dieses Zeichen 123 mit einem **Zahlencode**. Gib den dreistelligen Code in die kostenlose „KOSMOS Plus"-App ein und hör dir die jeweilige Vogelstimme an! Genauere Infos über die App und darüber, wie du sie installieren kannst, findest du auf den Buchklappen.

Die roten **Wichtig zu wissen!**-Kästen verraten dir interessante Zusatzinfos über die Vögel. Die grünen **Schau genau!**- und die gelben **Mach mit!**-Kästen geben dir Tipps zum Beobachten und Selbermachen. In den orangefarbenen **Erstaunlich!**-Kästen findest du verblüffendes Detailwissen oder Rekorde.

Wie sieht ein Vogel aus?

Ein Vogel hat verschiedene Körperregionen und Federpartien, die für seine Art typisch gefärbt oder ausgebildet sind. Daran kannst du ihn gut erkennen. Auf was du achten musst, wird dir im Folgenden erklärt. Vögel einer Art können aber je nach Alter, Geschlecht oder Jahreszeit auch ganz verschieden aussehen. Dazu findest du Hinweise auf den Vogelseiten.

Schau dir die Kopfzeichnung und die wichtigsten Körperteile an, damit du weißt, wo zum Beispiel der Augenstreif oder der Überaugenstreif ist.

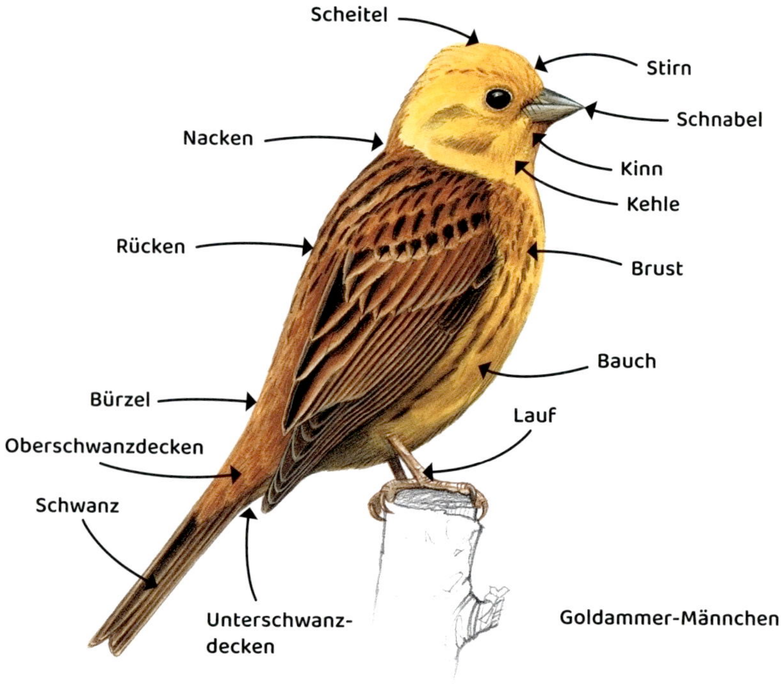

Endbinde: farblich abgesetzte Binde am Schwanzende
Kehllatz: farbiger Fleck an der Kehle, der aussieht wie ein Lätzchen
Knicksen: wippend in die Knie gehen
Kopfkappe: anders gefärbtes Kopfgefieder oberhalb der Augen
Quer gebändert: quer verlaufende Streifen
Schlichtkleid: Im Gegensatz zum farbenprächtigen Prachtkleid ist das Schlichtkleid eher unauffällig
Schwanzspieß: lange Schwanzfedern, die über den Schwanz hinausstehen
Kulturfolger: Vögel, die sich an das Leben in Städten und Dörfern angepasst haben
Kurzstreckenzieher: Vögel, die im Winter nur bis in den Mittelmeerraum ziehen
Langstreckenzieher: Vögel, die sogar bis nach Zentralafrika fliegen
Teilzieher: Bei manchen Vogelarten zieht nur ein Teil ein Stück Richtung Süden, zum Beispiel die Weibchen, während die Männchen im Brutgebiet bleiben

Und außerdem ...

Stieglitz

Du willst nicht nur die Vogelarten bestimmen, sondern auch Tipps bekommen, was du alles in deinem Garten für Vögel tun kannst? Dann schaue dir die Seiten 92 bis 107 an. Dort erfährst du etwa, wie du einen Nistkasten baust, was die Vögel gern fressen, wie du Futter selber zusammenstellen kannst und wie du deinen Garten für Vögel interessant machst. Außerdem findest du dort ein paar allgemeine Infos über Vögel, zum Beispiel, woran du erkennst, was die Vögel fressen, oder welche Spuren sie hinterlassen.

Raus in die Natur!

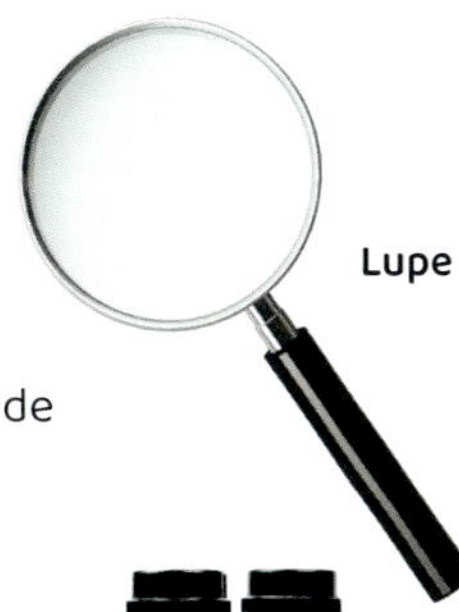

Lupe

In den Gärten und Parks sind die meisten Vögel an Menschen gewöhnt, trotzdem solltest du dich ruhig verhalten. Respektiere auch die Grundstücke von anderen Leuten und bleibe auf den öffentlichen Wegen. Auf Vogelwanderungen der Naturschutzverbände lernst du die gefiederten Freunde am besten kennen.

Fernglas

Um Vögel bestimmen zu können, brauchst du außer diesem Buch nicht viel. Wichtig sind ein gutes Fernglas und vielleicht noch eine Lupe, um dir beispielsweise Federn genauer ansehen zu können. Nimm Stift und Papier mit für den Fall, dass du dir etwas notieren möchtest.

Nun aber raus in die Natur und viel Spaß beim Bestimmen und selbst Erleben!

Das Wintergoldhähnchen

001

Das Wintergoldhähnchen ist der kleinste Brutvogel in Europa. Neben der rundlichen Gestalt und dem graugrünen Gefieder fallen die weißliche Flügelbinde und der gelbe, schwarz eingerahmte Scheitelstreif auf. Wintergoldhähnchen turnen in ständiger Bewegung durchs Geäst. Ihre Stimmen zeichnen sich durch ein feines, hohes, auf- und absteigendes „**Zi-si, Zi-si, Zi-si**" aus.

Erstaunlich!

Mit gerade mal 5 g wiegt das Wintergoldhähnchen so viel wie zwei Stück Würfelzucker. Um seine Körpertemperatur aufrechtzuerhalten, muss es daher ständig fressen. So benötigt es täglich mehr Futter, als es selbst wiegt, damit es nicht verhungert. In langen, schneereichen Wintern wird das für den kleinen Insektenfresser zum Problem.

Das Wintergoldhähnchen ist sehr leicht.

In größeren Fichtenwäldern kannst du diese Winzlinge entdecken. Das Wintergoldhähnchen ist vor allem in Nadelbäumen zu finden. Dort sucht es die äußeren Zweige nach kleinen Insekten ab und baut sein Nest aus Spinnenweben, Moos, Flechten, weichen Federn und Tierhaaren. Im Winter kommt es auch mal ans Futterhäuschen.

Das Wintergoldhähnchen wird 8 bis 9 cm groß.

Das Wintergoldhähnchen kommt ganzjährig vor.

Jan | Feb | Mär | Apr | Mai | Jun | Jul | Aug | Sep | Okt | Nov | De

Das Sommergoldhähnchen 002

Das Sommergoldhähnchen hat einen deutlichen weißen Überaugenstreif und einen schwarzen Augenstreif. Daran und an der gelblichen Schulter kannst du es vom Wintergoldhähnchen unterscheiden. Das Männchen hat einen orangefarbenen Scheitelstreif, das Weibchen einen gelben. Das Sommergoldhähnchen singt schneller werdend und ansteigend im Ton „**zi-zi-zi-zi-zirrr**“.

Männchen

Weibchen

Erstaunlich!

Die Nester der Goldhähnchen sind wahre Kunstwerke. Aus Moos, Flechten und Spinnweben wird ein stabiles Nest in herunterhängende Ästchen eingeflochten. Innen wird es vor allem mit winzigen Federchen ausgekleidet. Dieses Nest übersteht starke Stürme oder Dauerregen und hält die Eier und Jungvögel kuschelig warm. Wachsen die Jungen, dehnt es sich sogar und wird größer.

Mit seinem Gesang macht das Sommergoldhähnchen auf sich aufmerksam, wenn es oben in den Nadelbäumen herumspringt. Du kannst es auch in Laubmischwäldern, Parks, großen Gärten und auf Friedhöfen mit Nadelbäumen finden.

Das Sommergoldhähnchen wird 9 bis 10 cm groß.

Das Sommergoldhähnchen kommt von März bis November vor.

Jan | Feb | Mär | Apr | Mai | Jun | Jul | Aug | Sep | Okt | Nov | Dez

Der Zilpzalp

003

Unverkennbar singt der Zilpzalp laut seinen eigenen Namen, ein immer abwechselndes „**Zilp-zalp, Zilp-zalp**". Mit den Augen ist der kleine, unscheinbare Laubsänger schwieriger zu entdecken. Kopf und Rücken sind grünlich grau bis braun gefärbt und gut getarnt. Seine Unterseite ist schmutzig weiß bis gelblich. Meist turnt der Zilpzalp in den äußeren Zweigen von Bäumen und Büschen herum, auf der Suche nach kleinen Insekten.

Schau genau!

Die Zwillingsart zum Zilpzalp ist der **Fitislaubsänger**. Er sieht dem Zilpzalp sehr ähnlich, hat aber etwas längere Flügel und helle Beine. Am leichtesten unterscheidest du sie am Gesang. Denn der Fitis hat einen kurzen, melodischen, von der Tonhöhe abfallenden Gesang. Obwohl beide Arten in Wäldern und Gebüschen leben, bauen sie ihr Nest gut versteckt am Boden.

Fitis

Der Zilpzalp kommt häufig in Laubwäldern vor, aber auch in großen Parks, Gärten oder Feldgehölzen. Er überwintert im Mittelmeerraum und in Nordafrika. Frühestens ab Mitte März ist sein typischer Gesang wieder bei uns zu hören.

Der Zilpzalp wird 10 bis 12 cm groß.

Der Zilpzalp kommt von März bis Oktober vor.

Jan	Feb	Mär	Apr	Mai	Jun	Jul	Aug	Sep	Okt	Nov	Dez

Der Zaunkönig

004

Der kleine, kugelige Vogel mit braunem, quer gebändertem Rückengefieder, weißem Überaugenstreif und heller Brust huscht flink wie eine Maus von Gebüsch zu Gebüsch. Seine kurzen Schwanzfedern sind meist steil aufgerichtet. Aus dem Schnabel des Winzlings tönt ein laut schmetternder Gesang, der manchmal auch im Winter zu hören ist.

Zaunkönig im kugelförmigen Nest

Der Zaunkönig kommt im Unterholz von Wäldern, Parks und Gärten vor, gern auch in der Nähe von Wasser. Im dichten Gebüsch sucht er nach kleinen Insekten und Spinnen zum Fressen. Im Winter besucht er auch die Futterstellen.

Wichtig zu wissen!

Das Zaunkönig-Männchen baut im Frühling mehrere kugelförmige Nester mit einem seitlichen Eingang. Meist sind diese gut versteckt in Holzstapeln, Efeuranken oder in den Baumwurzeln umgestürzter Bäume. Das Weibchen kann sich ein Nest davon aussuchen. Die anderen Nester sind aber nicht umsonst gebaut, sie werden gern zum Übernachten genutzt. Im Winter teilen sich sogar mehrere Zaunkönige ein Nest. So ist es wärmer und sie sparen wertvolle Energie.

Der Zaunkönig wird 9 bis 10 cm groß.

Der Zaunkönig kommt ganzjährig vor.

Jan | Feb | Mär | Apr | Mai | Jun | Jul | Aug | Sep | Okt | Nov | Dez

Die Tannenmeise 005

Auf den ersten Blick sieht die Tannenmeise wie eine kleine, blasse Kohlmeise aus. Besonders die Kopfzeichnung ist sehr ähnlich. Sie hat aber eine bräunlich weiße Unterseite und einen länglichen, weißen Nackenfleck. Ihr schneller und gleichförmiger Gesang, „**Tsit-wi-tsit-wi-tsit-wi**", ist gut zu erkennen.

Wie der Name schon vermuten lässt, findest du die Tannenmeise hauptsächlich in Nadelwäldern. Dort hüpft sie besonders in den oberen Zweigen auf der Suche nach kleinen Insekten umher. Obwohl sie ihr Futter ganz oben sucht, liegen ihre Nester oft ganz unten in Baum- oder Erdhöhlen und Felsspalten. Im Winter fressen Tannenmeisen auch Fichtensamen und kommen gern an die Futterhäuser, die nahe am Waldrand aufgestellt sind.

Erstaunlich!

Viele Tannenmeisen brüten in den Nadelwäldern Nord- und Osteuropas. Bekommen sie dort in einem Jahr sehr viel Nachwuchs, wandert im Winter eine große Anzahl Tannenmeisen nach Mittel- und Südeuropa. Solche Einflüge nennt man Invasionen. So erobern diese Meisen neue Lebensräume.

Die Tannenmeise wird 10 bis 11,5 cm groß.

Die Tannenmeise kommt ganzjährig vor.

Jan | Feb | Mär | Apr | Mai | Jun | Jul | Aug | Sep | Okt | Nov | De

Die Kohlmeise 006

Die Kohlmeise ist unsere größte und häufigste Meise. Ihren Namen verdankt sie ihrem schwarzen Kopf, dessen Wangen je ein weißer Wangenfleck ziert. Der Bauch ist gelb mit einem schwarzen Mittelstreifen. Flügel und Schwanz sind bläulich, der Rücken ist olivgrün. Ihre lauten „**Zizidäh-zizidäh**"-Rufe kündigen in der Regel den Frühling an.

Erstaunlich!

Kohlmeisen und Blaumeisen sind ziemlich neugierig und erfinderisch, wenn sie an Futter kommen wollen. In England haben sie vor 70 Jahren gelernt, die Aluminiumdeckel der Milchflaschen aufzupicken, um an die leckere Sahne heranzukommen. Außerdem können sie eine Nuss, die an einem Faden an einem Zweig hängt, mit dem Schnabel nach und nach zu sich nach oben ziehen.

Kohlmeise beim Öffnen einer Milchflasche

Kohlmeise am Meisenknödel

Überall, wo es Bäume gibt, findest du auch eine Kohlmeise. Sie brütet in natürlichen Höhlen und Nistkästen. Im Winter ist sie ein gern gesehener Gast an Futterhäuschen und Meisenknödeln. Dort vertreibt sie gern als stärkste und frechste Meise die schwächeren hungrigen Vögel.

Die Kohlmeise wird 13 bis 15 cm groß.

Die Kohlmeise kommt ganzjährig vor.

Jan | Feb | Mär | Apr | Mai | Jun | Jul | Aug | Sep | Okt | Nov | Dez

Die Blaumeise

007

Wie der Name schon sagt, hat die kleine Blaumeise ziemlich viel Blau im Gefieder: einen blau-weißen Kopf, blaue Flügel und einen blauen Schwanz. Ihre Unterseite ist gelb und der Rücken grünlich. Im Frühling singt die kleine Meise ein helles „**Zi-zi-zirrr**".

Blaumeise mit Jungvogel

Erstaunlich!

Blaumeisen bekommen ganz viele Junge. In manchen Jahren, wenn es viel zu fressen gibt, legen sie 9 bis 15 Eier. Dann wird es im Nistkasten ganz schön eng. Um die Jungen großzuziehen, sammeln die Eltern 7 000 bis 8 000 Raupen und andere Insekten.

Blaumeise im Nistkasten

Die Blaumeise kommt fast überall vor. Nur dichte Nadelwälder meidet sie etwas. Als Höhlenbrüter geht sie gern in aufgehängte Meisenkästen und brütet sogar manchmal in Briefkästen. Im Winter ist sie ein häufiger Besucher an den Futterhäuschen. Meist streift sie dann in kleinen Gruppen durch die Gärten.

Die Blaumeise wird 10 bis 12 cm groß.

Die Blaumeise kommt ganzjährig vor.

Jan | Feb | Mär | Apr | Mai | Jun | Jul | Aug | Sep | Okt | Nov | Dez

Die Schwanzmeise

008

Ein kleiner schwarz-weiß-bräunlicher Vogel mit einem langen Schwanz und einem kleinen, spitzen Schnabel: Das kann nur die Schwanzmeise sein. So turnt sie geschickt an den dünnsten Zweigen, teilweise kopfüber hängend. Die hohen „**Tsi-tsi-tsi**"-Rufe oder ein schnurrendes „**Tschrrrt**" kündigen sie oft schon vorher an.

Schwanzmeise am Nest

Schwanzmeisen brüten vor allem in Laub- und Mischwäldern. Sie kommen aber auch in Parks und Gärten mit viel Unterholz vor. Das Nest ist gut getarnt und wird niedrig im dichten Gebüsch gebaut. Im Winter kannst du die Vögel in kleinen Gruppen durch die Gegend ziehen sehen.

Schau genau!

Von der Schwanzmeise gibt es zwei Varianten. Normalerweise siehst du Vögel mit einem schwarz-weiß gestreiften Kopf. Im Winter wandern aber auch Schwanzmeisen aus Ost- und Nordeuropa zu uns ein, die einen rein weißen Kopf haben. Achte mal im Winter darauf, vielleicht entdeckst du neben streifenköpfigen auch weißköpfige Schwanzmeisen. Dann weißt du genau: Diese Vögel kommen von weit her!

Die Schwanzmeise wird 13 bis 15 cm groß.

Die Schwanzmeise kommt ganzjährig vor.

n | Feb | Mär | Apr | Mai | Jun | Jul | Aug | Sep | Okt | Nov | Dez

Die Haubenmeise

009

Die Haubenmeise ist leicht zu erkennen, denn sie ist die einzige Meise mit einer schwarz-weißen Federhaube. Auch der Rest des Kopfes ist schwarz-weiß gezeichnet. Die schwarze Kehle und der weiße Halsring fallen besonders auf. Die Oberseite ist einfarbig braun, die Unterseite bräunlich weiß. Der Gesang besteht aus hohen Rufen und tieferen Trillern: **„Si-si-dürr-dürr …"**

Haubenmeise am Nest

Schau genau!

Wie alle Meisen ist auch die Haubenmeise ein Höhlenbrüter. Sie sucht aber nicht nur nach leeren Spechthöhlen oder Astlöchern, sondern pickt sich mit ihrem kleinen Schnabel selbst eine eigene Höhle in ein Stück morsches Holz. In vorgefertigte Nistkästen geht sie nur selten.

Die Haubenmeise lebt in Nadel- und Mischwäldern, aber auch in Parks und Gärten. Sie ist das ganze Jahr über ortstreu. Im Winter vermischt sie sich auch mit anderen Meisentrupps und kommt zum Fressen gern an die Futterhäuschen.

Die Haubenmeise wird 11 bis 12 cm groß.

Die Haubenmeise kommt ganzjährig vor.

Jan | Feb | Mär | Apr | Mai | Jun | Jul | Aug | Sep | Okt | Nov | D

Die Sumpfmeise

010

Eine der unscheinbarsten Meisen ist die Sumpfmeise. Ihre Oberseite ist einfarbig braun, die Unterseite bräunlich weiß. Nur der Kopf hat eine glänzend schwarze Kopfplatte und einen kleinen schwarzen Kehllatz. Die Kopfseiten sind weiß. Der Schnabel ist sehr klein. Im Frühling hörst du ihren schnellen, eintönigen Gesang, der klingt wie „**pjit-pjit-pjit…**". Ansonsten ruft sie explosiv „**pist-ja**".

Weidenmeise

Schau genau!

Der Zwilling der Sumpfmeise ist die Weidenmeise. Sie sieht fast genauso aus, nur der Kehlfleck ist etwas größer und auf den Flügeln ist ein weißliches Feld zu erkennen. Eigentlich hätte die Weidenmeise Sumpfmeise heißen müssen, da sie in den feuchteren Lebensräumen vorkommt, auch im Moor. Sie ruft ein breites „**Dää-dää-dää**".

Sie mag zwar Auwälder und dichte, feuchte Laub- und Mischwälder, aber in richtigen Sümpfen brütet sie eher selten. Auch in Parks und größeren Gärten kannst du sie entdecken. Im Winter kommt sie gern an die Futterstellen. Meist sind die Sumpfmeisen zu zweit unterwegs. Wie der Kleiber legen sie in Baumritzen Vorräte für schlechte Zeiten an.

Die Sumpfmeise wird 11,5 bis 13 cm groß.

Die Sumpfmeise kommt ganzjährig vor.

an | Feb | Mär | Apr | Mai | Jun | Jul | Aug | Sep | Okt | Nov | Dez

Der Kleiber 011

An seinem orangeroten Brust- und Bauchgefieder und dem grauen Rücken ist der Kleiber leicht zu erkennen. Sein auffälliger schwarzer Streifen am Auge erinnert etwas an die Augenklappe eines Piraten. Sein Kopf wirkt groß, vor allem wegen seines kräftigen Schnabels, mit dem er leicht harte Samenschalen aufhacken kann. Der Kleiber ist der einzige heimische Vogel, der Baumstämme auch kopfüber herunterlaufen kann. Er ruft laut und kräftig „**tuit-tuit-tuit …**".

Der Kleiber verkleinert den Eingang zur Bruthöhle.

Mach mit!

Im Winter versteckt der Kleiber gern Nüsse, Bucheckern und Sonnenblumenkerne als Vorrat in den Ritzen von Bäumen mit grober Borke. Schau dir die Rinde einer Eiche einmal genau an, vielleicht findest du ein paar Vorräte. Seinen Namen verdankt der Kleiber übrigens der Tatsache, dass er die Eingänge seiner Bruthöhlen mit Lehm so zuklebt, dass ihm keine größeren Vögel den Nistplatz streitig machen können.

Du findest ihn häufig in Parks, auf Friedhöfen und in Laubwäldern mit großen alten Bäumen, besonders alten Eichen. Im Winter kannst du ihn am Futterhäuschen beobachten, wie er sich Sonnenblumenkerne holt.

Der Kleiber wird 13 bis 14 cm groß.

Der Kleiber kommt ganzjährig vor.

Jan | Feb | Mär | Apr | Mai | Jun | Jul | Aug | Sep | Okt | Nov | De

Die Heckenbraunelle 012

Im Frühling kannst du die Heckenbraunelle am leichtesten sehen, wenn sie morgens frei auf einer Buschspitze sitzt. Dann hörst du auch ihren schönen, klirrenden Gesang. Ansonsten ist ihr Gefieder eher unauffällig. Der Kopf und die Brust sind blaugrau, während die braun gefleckte Oberseite an einen Spatzen erinnert.
Der dünne Schnabel ist auffällig schwarz.

Wichtig zu wissen!

Im Gegensatz zu den meisten Vogelarten haben Männchen und Weibchen zur Brutzeit je ein eigenes Revier. Überlappen sich verschiedene Reviere, kann es sein, dass ein Männchen mehrere Weibchen hat oder ein Weibchen zwei Männchen. Letzteres ist bei der Jungenaufzucht sehr praktisch, weil diese dann besonders gut mit Futter versorgt werden.

Heckenbraunelle auf Futtersuche

Wie ihr Name schon sagt, bewohnt die Heckenbraunelle buschige Waldränder, Feldgehölze sowie Hecken in Parks und Gärten. Meist schlüpft sie unauffällig durchs Unterholz und hält sich gern in Bodennähe auf. Im Winter kommt sie auch ans Futterhaus, verschwindet aber schnell wieder in die sichere Deckung.

Die Heckenbraunelle wird 13 bis 14 cm groß.

Die Heckenbraunelle kommt ganzjährig vor.

an | Feb | Mär | Apr | Mai | Jun | Jul | Aug | Sep | Okt | Nov | Dez

Der Gartenbaumläufer 013

Dank seiner braun-weiß gemusterten Oberseite ist es nicht so leicht, den Gartenbaumläufer an einem Baumstamm zu entdecken. Wie eine Maus läuft er ruckartig die Baumstämme hoch, der lange Schwanz dient ihm dabei als Stütze. Mit seinem langen, gebogenen Schnabel sucht er zwischen der Rinde nach Insekten.

In lichten Laub- und Mischwäldern, auf Streuobstwiesen und in Parks findest du den Gartenbaumläufer. Er mag vor allem Bäume mit grober Rinde wie Eichen, Eschen oder Obstbäume. Sein Nest baut der Gartenbaumläufer hinter abstehenden Rindenstücken oder in Stammspalten.

So wechselt der Gartenbaumläufer den Baum.

Schau genau!

Achte einmal darauf, wie der Gartenbaumläufer am Stamm hochklettert. Er läuft nicht in gerader Linie hoch, sondern spiralförmig immer um den Stamm herum. Oben angekommen, fliegt er wieder an den Stammfuß eines benachbarten Baums. Normalerweise sind Gartenbaumläufer Einzelgänger, doch im Winter übernachten sie auch zusammengekuschelt in einer Baumspalte.

Der Gartenbaumläufer wird 12 bis 14 cm groß.

Der Gartenbaumläufer kommt ganzjährig vor.

Jan | Feb | Mär | Apr | Mai | Jun | Jul | Aug | Sep | Okt | Nov | De

Der Waldbaumläufer

014

Der Waldbaumläufer ist immer in Bewegung und seine Merkmale sind nicht leicht zu erkennen. Doch das ist wichtig, denn er sieht dem Gartenbaumläufer sehr ähnlich. Sein Schnabel ist im Vergleich kürzer, dafür die Hinterkralle deutlich länger und die Unterseite ist weißer, besonders die Flanken. Ein sicheres Kennzeichen ist mal wieder die Stimme. Der Waldbaumläufer singt mit hohen Tönen etwa so: „**Zi-zi-ziseri-zisisrri**".

Mach mit!

Hast du einen Garten, kannst du im Winter auch die Baumläufer füttern. Da sie nur an Bäumen auf Futtersuche gehen, schmierst du am besten eine Fettfuttermischung mit kleinen Samen direkt in die Ritzen der Baumrinde.

Der Waldbaumläufer kommt in Nadelwäldern und hier eher in höheren Lagen und in den Bergen vor. Im Winter sucht er aber auch Nahrung in Parks und Gärten.

Erstaunlich!

Waldbaumläufer sind tatsächlich echte Läufer, denn an einem Tag legen sie bis zu drei Kilometer zurück.

Der Waldbaumläufer wird 12,5 bis 14 cm groß.

Der Waldbaumläufer kommt ganzjährig vor.

an | Feb | Mär | Apr | Mai | Jun | Jul | Aug | Sep | Okt | Nov | Dez

Der Trauerschnäpper

015

Das Männchen des Trauerschnäppers ist auf der Oberseite schwarz, bis auf ein weißes Flügelfeld. Die Unterseite leuchtet reinweiß. Das Weibchen ist unscheinbarer und hat eine braune Oberseite und eine schmutzig weiße Unterseite. Du kannst diesen Vogel an seinem wiederholten kurzen „**Witt**" erkennen.

Weibchen

Männchen

Wichtig zu wissen!

Da Trauerschnäpper erst im April aus Afrika zurückkommen, sind die besten Höhlen häufig schon von Meisen und Kleibern besetzt. Dort, wo viele Nistkästen aufgehängt werden, finden die Trauerschnäpper jedoch genügend Brutplätze und können sich in diesen Gebieten gut vermehren. Es lohnt sich also auch im April noch, einen Nistkasten aufzuhängen.

Der Trauerschnäpper brütet in offenen alten Laub- und Mischwäldern, aber auch in Parks und auf Streuobstwiesen. Sein Nest baut er in Baumhöhlen oder in Nistkästen. Das Weibchen legt fünf bis acht bläuliche Eier. Im September macht sich der Vogel auf den weiten Weg nach Westafrika.

Der Trauerschnäpper wird 12 bis 13,5 cm groß.

Der Trauerschnäpper kommt von April bis September vor.

Jan | Feb | Mär | Apr | Mai | Jun | Jul | Aug | Sep | Okt | Nov | De

Der Grauschnäpper

016

Der Grauschnäpper ist ein unauffälliger Vogel. Er hat einen graubraunen Rücken, eine schmutzig weiße Unterseite und ist an der Brust leicht grau gestrichelt. Das Auge ist auffällig groß und sticht schwarz hervor. So ist der Grauschnäpper bestens getarnt und macht höchstens mit seinen hohen „**Tzieht-tzieht**"-Rufen auf sich aufmerksam.

Grauschnäpper fängt eine Fliege.

Schau genau!

Der Grauschnäpper ist ein Meister im Insektenfang. Meist siehst du ihn auf einem Aussichtsposten sitzen, zum Beispiel auf einem trockenen Ast oder einem Zaun. Dort wartet er auf Fliegen, Mücken oder Schmetterlinge, denen er geschickt hinterherjagt. Meist kehrt er nach erfolgreichem Fang auf seinen Aussichtsposten zurück.

Er kommt in offenen Wäldern mit vielen Lichtungen vor, an Waldrändern, aber auch in Parks, Obstwiesen und Gärten mit alten Bäumen. Hier baut er sein Nest in Halbhöhlen. Im September macht sich der Grauschnäpper auf den langen Weg bis ins südliche Afrika.

Der Grauschnäpper wird 13 bis 15 cm groß.

Der Grauschnäpper kommt von Mai bis September vor.

Jan | Feb | Mär | Apr | **Mai** | **Jun** | **Jul** | **Aug** | **Sep** | Okt | Nov | Dez

Der Hausrotschwanz

017

Das Hausrotschwanz-Männchen hat ein schwarzes Gesicht und schwarzes Bauchgefieder. Der Rücken ist aschgrau und hat auf dem Flügel ein helles Feld. Der Schwanz ist rostrot und fällt im Flug besonders auf. Das Weibchen hat ein helleres graubraunes Federkleid. Beide wippen und zittern auffällig mit dem Schwanz.

Oft kannst du noch vor der Dämmerung das raue, gepresste Lied des Männchens auf dem Hausdach hören. Bei Erregung ruft es laut „**teck-teck**".

Männchen

Jungvogel

Erstaunlich!

Der Hausrotschwanz ist ein fleißiger Sänger. Im Frühsommer kann er von Sonnenaufgang bis Sonnenuntergang fast ununterbrochen singen, nur am Nachmittag legt er eine Pause ein. Rechnet man die reine Gesangszeit, kommt der Hausrotschwanz auf über sechs Stunden. Stell dir einmal vor, du müsstest sechs Stunden am Tag singen!

Eigentlich mag der Hausrotschwanz sonnige Felslandschaften. Doch seit die Menschen Dörfer und Städte bauen, hat er sich auch dort angesiedelt. In Gärten findet er Insekten und Beeren. Sein Nest siehst du häufig in Mauernischen oder offenen Garagen. Im Herbst fliegt er in den Mittelmeerraum und überwintert dort.

Der Hausrotschwanz wird 13 bis 14 cm groß.

Der Hausrotschwanz kommt von März bis Oktober vor.

Jan	Feb	Mär	Apr	Mai	Jun	Jul	Aug	Sep	Okt	Nov	De

Der Gartenrotschwanz

018

Das Gartenrotschwanz-Männchen erkennst du leicht: Es hat eine schwarze Kehle, eine weiße Stirn und einen grauen Kopf und Rücken. Die Unterseite ist leuchtend orange. Das Weibchen sieht einem Hausrotschwanz-Weibchen recht ähnlich. Aber im Vergleich zum Hausrotschwanz ist das Gefieder nicht grau-braun sondern orange-braun gefärbt. Der Gartenrotschwanz singt sein kurzes Lied gern von Baumspitzen aus.

Männchen im Flug

Weibchen

Schau genau!

Haus- und Gartenrotschwanz sind zwei Arten, die sehr nah miteinander verwandt sind. So kann es dazu kommen, dass sich Männchen der einen Art mit Weibchen der anderen Art paaren. Die so entstandenen Jungen haben oft Merkmale von beiden Arten oder beherrschen beide Gesänge.

Der Gartenrotschwanz brütet in Baumhöhlen von lichten Wäldern, Obstwiesen, Parks und Gärten. Auch Nistkästen nimmt er an. Vor etwa 30 Jahren sind die Bestände dieses Vogels deutlich zurückgegangen. Das lag unter anderem daran, dass viele alte Bäume mit ihren natürlichen Höhlen gefällt wurden.

Der Gartenrotschwanz wird 13 bis 14 cm groß.

Der Gartenrotschwanz kommt von April bis September vor.

an | Feb | Mär | Apr | Mai | Jun | Jul | Aug | Sep | Okt | Nov | Dez

Das Rotkehlchen

019

An seinem orangeroten Gesicht und dem Kehllatz sowie den großen dunklen Augen ist das Rotkehlchen leicht zu erkennen. Der Rest des Gefieders ist unscheinbar oliv- bis graubraun. Ständig zuckt das Rotkehlchen mit Schwanz und Flügeln. Vor allem in der Morgen- und Abenddämmerung kannst du seinen leisen, melodischen, leicht traurigen Gesang hören. Bei Störungen warnt das Rotkehlchen dagegen mit einem scharfen „**Zick-zick**“.

Schau genau!

Junge Rotkehlchen sehen ganz anders aus als ihre Eltern. Sie haben zwar schon die leicht rundliche Gestalt, tragen aber ein rotbraunes Gefieder mit hellen Sprenkeln. Das ist eine prima Tarnung am Boden oder im Gebüsch. Aber schon im Herbst, nach der ersten Mauser (= Gefiederwechsel), bekommen sie auch eine rote Kehle und sehen aus wie ihre Eltern.

junges Rotkehlchen

Das Rotkehlchen hält sich in Wäldern mit viel Unterholz sowie in Parks und Gärten auf. Das Nest wird gut versteckt nahe dem Boden angelegt. Im Winter siehst du das Rotkehlchen an die Futterhäuschen kommen.

Das Rotkehlchen wird 13 bis 14 cm groß.

Das Rotkehlchen kommt ganzjährig vor.

Jan | Feb | Mär | Apr | Mai | Jun | Jul | Aug | Sep | Okt | Nov | D

Die Mönchsgrasmücke

020

Die männliche Mönchsgrasmücke hat eine schwarze Kappe auf. Der Rest des Gefieders ist einheitlich grau. Das Weibchen trägt eine braune Kappe. Mit ihrem melodischen, flötenden Gesang gehört diese Vogelart zu unseren besten Sängern. Bei Erregung oder Gefahr ruft sie dagegen laut und hart „**teck-teck-teck**".

Weibchen

Männchen

Wichtig zu wissen!

Seit einigen Jahren gibt es Mönchsgrasmücken, die den Winter nicht mehr im warmen Süden am Mittelmeer verbringen. Diesen Vögeln reicht der milde Winter in Südengland. Das hat den Vorteil, dass sie weniger fliegen müssen und im Frühling viel ausgeruhter im Brutgebiet ankommen. So können sie die besten Brutreviere schon früh besetzen.

Ihr Nest baut sie in dichtem Gebüsch oder jungen Fichten. Von August bis Oktober kannst du sie oft in Holunderbüschen sehen. Dort frisst sie die schwarzen Beeren, um sich auf ihren Weg in den Mittelmeerraum vorzubereiten.

Die Mönchsgrasmücke wird 13 bis 15 cm groß.

Die Mönchsgrasmücke kommt von April bis Oktober vor.

n	Feb	Mär	Apr	Mai	Jun	Jul	Aug	Sep	Okt	Nov	Dez

Die Gartengrasmücke

021

Das Auffälligste an der Gartengrasmücke sind ihre dunklen Augen. Ihr braungraues Gefieder hat keine besonderen Merkmale. Zum Glück macht sie im Frühling mit ihrem Gesang auf sich aufmerksam. Er ähnelt dem der Mönchsgrasmücke. Die Gartengrasmücke singt aber etwas schneller und eintöniger, ohne die klaren Flötentöne der Mönchsgrasmücke.

Gartengrasmücke am Nest

Erstaunlich!

Auf dem Flug ins Überwinterungsgebiet ist die Route über die Sahara am gefährlichsten. Dort ist es heiß und es gibt kaum Nahrung. Um die Strecke zu schaffen, muss sich die Gartengrasmücke vorher ordentliche Fettreserven anfressen. Mit Insekten und Früchten als Nahrung verdoppelt sie fast ihr Gewicht.

Die Gartengrasmücke kommt im Mai, also sehr spät im Jahr, aus ihrem Winterquartier südlich der Sahara zurück. Sie brütet in unterholzreichen Wäldern, Parks und Feldgehölzen. In den heutigen Gärten kannst du die Gartengrasmücke leider nur noch selten beobachten, es sei denn, der Garten ist „verwildert".

Die Gartengrasmücke wird 13 bis 14 cm groß.

Die Gartengrasmücke kommt von Mai bis September vor.

Jan	Feb	Mär	Apr	Mai	Jun	Jul	Aug	Sep	Okt	Nov	D

Die Klappergrasmücke 022

An ihrem Gesang kannst du die Klappergrasmücke gut erkennen. Er fängt mit einem leisen Geschwätz an und endet mit einem lauten „**Klapp-klapp-klapp**". Das hat ihr früher auch den Namen „Müllerchen" eingebracht, weil es an das Klappern einer Mühle erinnerte. Flügel und Rücken sind graubraun, die Unterseite weiß. Die Grenze zwischen grauem Oberkopf und weißer Kehle ist sehr deutlich. Die Beine sind dunkelbraun.

Die Klappergrasmücke lebt in offener Landschaft mit niedrigem, dornigem Gebüsch wie Brombeeren, Schwarzdorn oder Heckenrosen. Du kannst sie aber auch in Parks, Gärten, auf Friedhöfen und an Bahndämmen beobachten. Sie überwintert in Ostafrika.

Zusammen fühlt man sich stärker! Dicht gedrängt sitzen die drei Jungvögel neben dem Altvogel.

Erstaunlich!

Die meisten Singvögel, die im Herbst nach Afrika ziehen, fliegen nach Südwesten über Spanien. Nicht so die Klappergrasmücke. Sie gehört zu den wenigen Arten, deren Weg nach Südosten über Israel nach Afrika geht. Das hat den Vorteil, dass sie nicht so viel über offenes Wasser fliegen muss.

Die Klappergrasmücke wird 11,5 bis 13,5 cm groß.

Die Klappergrasmücke kommt von April bis September vor.

n | Feb | Mär | Apr | Mai | Jun | Jul | Aug | Sep | Okt | Nov | Dez

Die Dorngrasmücke

023

Auf den ersten Blick sieht sie aus wie eine farbigere Klappergrasmücke. Der Oberkopf ist etwas dunkler grau, die Augen werden von einem weißlichen Augenring eingerahmt, die Brust ist leicht rosa und die Flügel haben rostrote Federränder. Außerdem sind die Beine hell statt dunkel. Bei ihrem Gesang aus kurzen, etwas kratzigen Strophen sitzt sie gern auf der Spitze eines Buschs oder macht einen kurzen Singflug.

Im Singflug ruft sie „wäääd-wääd“.

Sie mag offene Flächen mit Hecken und dornigen Büschen, in Städten sind es oft Brachflächen und buschreiche Bahngleise. Das Nest wird nah am Boden gebaut, häufig auch in Brennnesseln.

Wichtig zu wissen!

Die Dorngrasmücke ist selten geworden, weil es in ihrem Überwinterungsgebiet in Afrika eine jahrelange Dürre mit wenig Futter gab. Und bei uns findet sie immer weniger Heckenlandschaften zum Brüten.

Die Dorngrasmücke wird 13 bis 15 cm groß.

Die Dorngrasmücke kommt von April bis September vor.

Jan | Feb | Mär | Apr | Mai | Jun | Jul | Aug | Sep | Okt | Nov | D

Der Teichrohrsänger

024

Mit seinem rötlich braunen Gefieder und der weißlichen Unterseite ist der Teichrohrsänger im Schilf bestens getarnt. Er hüpft von Halm zu Halm und sucht nach Insekten, Schnecken und Spinnen. Am besten siehst du ihn, wenn er zum Singen langsam einen Schilfhalm nach oben klettert. Du erkennst ihn leicht an seinem kratzenden und knarrenden Gesang. Er singt rhythmisch „**trett trett trett TIRri TIRri trü trü tre tre tre …**".

Erstaunlich!

Die gut 6 000 Kilometer nach Afrika legt der Teichrohrsänger vor allem nachts zurück. Dabei kann er bis zu 450 Kilometer in einer Nacht fliegen. Nachts zu fliegen hat den Vorteil, dass weniger Feinde unterwegs sind und es nicht so warm ist.

Wüste bei Nacht

Während der Brutzeit kommt er ausschließlich in Schilfgebieten von Seen, Teichen, Mooren und langsam fließenden Gewässern vor. Dort baut er ein kunstvolles Nest zwischen die Schilfstängel. Zwischen drei bis vier Stängeln flicht er ein napfförmiges Nest aus Schilfhalmen und Gras. Sein Überwinterungsgebiet liegt südlich der Sahara.

Der Teichrohrsänger wird 11 bis 12 cm groß.

Der Teichrohrsänger kommt von Mai bis September vor.

Feb Mär Apr Mai Jun Jul Aug Sep Okt Nov Dez

Der Gelbspötter

025

Der Gelbspötter sieht aus wie ein zu groß geratener Fitis. Seine Oberseite ist graugrün, die Unterseite gelb. Der Kopf mit dem recht kräftigen Schnabel wirkt eckiger, besonders wenn der Gelbspötter seine Scheitelfedern sträubt. Die Beine sind dunkel blaugrau. Der Gesang ist ein schnelles Schwätzen mit manchmal etwas schiefen und quietschenden Tönen.

Mach mit!

Bist du mit verschiedenen Vogelstimmen vertraut? Dann achte auf den Gesang des Gelbspötters. Vielleicht erkennst du ein paar Strophen, die eigentlich zu anderen Arten gehören. Der Gelbspötter baut nämlich in seinen Gesang auch Abschnitte von anderen Arten ein. Deshalb heißt er auch Spötter. In der Vogelwelt sind das Vögel, die andere Vogelarten nachahmen können.

Gelbspötter am Wasser

Der Gelbspötter brütet am liebsten in feuchter Umgebung, etwa in der Nähe von Flüssen und Seen oder in Auwäldern. Du findest ihn aber auch in Parks, Gärten und auf Friedhöfen mit großen alten Bäumen. Singt er nicht, ist er nur schwer in den hohen Bäumen zu entdecken.

Der Gelbspötter wird 12 bis 13,5 cm groß.

Der Gelbspötter kommt von Mai bis August vor.

Jan | Feb | Mär | Apr | Mai | Jun | Jul | Aug | Sep | Okt | Nov

Die Mehlschwalbe 026

Im Vergleich zur Rauchschwalbe hat die Mehlschwalbe nur einen leicht gegabelten Schwanz, ohne lange Schwanzspieße. Die Unterseite ist reinweiß, genau wie der Bürzel, der sich von dem blau schimmernden Rückengefieder absetzt und im Flug sofort auffällt. Sie ruft kurz „**prrt**" oder „**pripit**".

Mehlschwalbe im Flug

Wichtig zu wissen!

Kommt es im April oder Mai noch einmal zu einem Kälteeinbruch, haben die Mehlschwalben ein Problem, denn dann fliegen keine Insekten mehr. Um nicht zu verhungern, können Mehlschwalben ihren Energieverbrauch um die Hälfte verringern, indem sie ihre Körpertemperatur um einige Grad absenken. In dieser Art Kältestarre können sie ein paar Tage ohne Nahrung überstehen.

Die Mehlschwalbe kommt etwa zwei bis drei Wochen später als die Rauchschwalbe aus ihrem afrikanischen Winterquartier zurück. Auch sie baut ihr Lehmnest meist in der Nähe von Bauernhöfen mit Vieh, wo es viele Insekten gibt. Doch sie jagt in größeren Höhen, oft zusammen mit den Mauerseglern, und fängt kleinere Insekten.

Die Mehlschwalbe wird 13 bis 15 cm groß.

Die Mehlschwalbe kommt von April bis Oktober vor.

n | Feb | Mär | Apr | Mai | Jun | Jul | Aug | Sep | Okt | Nov | Dez

Der Girlitz

🔈 027

Der Girlitz ist der kleinste Finkenvogel. Er ist zwar mit dem Kanarienvogel nah verwandt, sein Gesang hört sich aber eher klirrend oder wie eine rostige Fahrradkette an. Dabei sitzt er frei auf einer Baumspitze, einem Hausdach oder vollführt einen flatterigen Singflug. Am Boden sucht er mit seinem kurzen, dicken Schnabel nach kleinen Samenkörnern. Sein Gefieder ist gelblich mit kräftiger Streifung. Im Flug fällt der leuchtend gelbe Bürzel auf.

Schau genau!

Der Girlitz stammt ursprünglich aus dem Mittelmeerraum. In den letzten 80 bis 200 Jahren hat er sich immer weiter nach Norden ausgebreitet, bis zur Nord- und Ostsee. Im Herbst bilden sich oft kleine Schwärme, die auch mit anderen Finken wie Hänflingen oder Stieglitzen vermischt sein können.

Sein napfförmiges Nest baut der Girlitz in dichten Nadelbäumen wie Lebensbäumen oder Wacholder. Deshalb kommt er vor allem in Parks, Alleen, Gärten und auf Friedhöfen vor. Die meisten Girlitze überwintern im Mittelmeerraum, einige bleiben auch in Deutschland.

Der Girlitz wird 11 bis 12 cm groß.

Der Girlitz kommt von März bis Oktober vor.

Jan | Feb | Mär | Apr | Mai | Jun | Jul | Aug | Sep | Okt | Nov | D

Der Erlenzeisig

028

Männchen

Ein kleiner gestrichelter, grünlich gelber Vogel, das ist der Erlenzeisig. Das Männchen erkennst du an der schwarzen Kopfplatte und dem schwarzen Kinnfleck. Im Flug leuchten sein gelber Bürzel und die gelben Flügelbinden. Dem Weibchen fehlt die schwarze Kopfzeichnung und das Gelb ist blasser. Sein Gezwitscher klingt etwas quietschig.

Weibchen

Im Sommer sind die Erlenzeisige sehr unauffällig. Sie brüten in den Nadel- und Mischwäldern der Mittelgebirge und ziehen zweimal drei bis fünf Junge groß. Nach der Brut streifen sie in kleinen Gruppen umher und suchen in Erlen und Birken nach Nahrung. Dann kommen sie vielleicht auch mal an deiner Futterstelle vorbei.

Erstaunlich!

Die Brutbestände des Erlenzeisigs schwanken von Jahr zu Jahr. Sie sind abhängig von der Fichtensamenernte. Gibt es viele Samen, gibt es auch viel Nachwuchs. Seit dem späten Mittelalter hat sich der Erlenzeisig in Mitteleuropa ausgebreitet, denn zur Holzgewinnung wurden überall die schnell wachsenden Fichten angepflanzt, die er so gern mag.

Der Erlenzeisig wird 11 bis 12,5 cm groß.

Der Erlenzeisig kommt ganzjährig vor.

Jan | Feb | Mär | Apr | Mai | Jun | Jul | Aug | Sep | Okt | Nov | Dez

Der Bergfink

029

Bergfink im Flug

Von Größe und Gestalt her sieht der Bergfink dem Buchfink sehr ähnlich. Das Männchen hat aber einen schwarzen oder grauschwarzen Kopf und einen weißen Bauch. Das Weibchen ist ähnlich gefärbt, hat aber einen helleren grauen Kopf. An der orangefarbenen Brust ist der Bergfink leicht zu erkennen. Im Flug fallen die leuchtend weißen Felder von Bürzel und Rücken sofort ins Auge. Auch der Ruf unterscheidet ihn deutlich vom Buchfink, er ruft ein quäkendes „**Äähng**".

Männchen

Weibchen

Bergfinken brüten in Skandinavien und im nördlichen Russland in lockeren Nadel- und Birkenwäldern. Ab Oktober wandern sie nach Mitteleuropa, wo sie den Winter verbringen. Dort suchen sie meist Bucheckern, kommen aber auch gelegentlich ans Futterhäuschen, wo sie am liebsten Sonnenblumenkerne fressen.

Schau genau!

Es gibt Jahre, da tragen die Buchen besonders viele Bucheckern. Von solchen Waldgebieten werden die Bergfinken zu hunderttausenden angezogen. Besonders abends gibt es ein Riesenspektakel, wenn sich die vielen Schwärme in nur wenigen Schlafbäumen zusammenfinden. Dann bildet sich ein riesiger Schwarm, der wie eine schwarze Wolke den Himmel bedeckt.

Buchecker

Der Bergfink wird 14 bis 16 cm groß.

Der Bergfink kommt von Oktober bis April vor.

Jan | Feb | Mär | Apr | Mai | Jun | Jul | Aug | Sep | Okt | Nov | D

Der Buchfink

030

Einer unserer häufigsten und hübschesten Vögel ist der Buchfink. Oberkopf und Nacken sind graublau, das Gesicht, Brust und Bauch rostrot. Die schwarzen Flügel haben zwei weiße Binden und der Rücken ist braun. Der Gesang hört sich so an wie: „**Bin ich nicht ein schöner Bräutigam?**“ Sonst ruft er oft „**pink**“. Das Weibchen ist insgesamt blasser und brauner gefärbt.

Erstaunlich!

Auch bei Vögeln gibt es Dialekte. Da der Buchfink in ganz Europa verbreitet ist, haben sich im Lauf der Zeit in unterschiedlichen Regionen verschiedene Buchfinkengesänge und -rufe entwickelt. Ein Buchfinken-Experte kann also genau bestimmen, woher der Vogel kommt, wenn er ihn singen oder rufen hört.

Weibchen

Männchen

Der Buchfink kommt in allen Wäldern häufig vor, aber auch in Parks, auf Friedhöfen und in Gärten mit einigen großen Bäumen. Im Winter bilden sich oft große Schwärme, die im Wald nach Bucheckern, Samen und Früchten suchen. Sie kommen aber auch gern ans Futterhäuschen.

Der Buchfink wird 14 bis 16 cm groß.

Der Buchfink kommt ganzjährig vor.

n | Feb | Mär | Apr | Mai | Jun | Jul | Aug | Sep | Okt | Nov | Dez

Der Grünling

031

wird auch Grünfink genannt

Wie sein Name schon sagt, ist der Grünling vor allem grün gefärbt. Die Männchen haben eher gelblich graugrüne Federn, die Weibchen ein blasseres braungrünes Gefieder. Das gelbe Flügelfeld und den dicken Schnabel haben beide.
Der Gesang erinnert mit seinen trillernden und zwitschernden Tönen ein wenig an einen Kanarienvogel. Ansonsten ruft der Grünling häufig quäkend „**dschwäää**".

Schau genau!

An den Schnäbeln der Vögel kannst du meist leicht erkennen, was sie fressen. Der dicke, klobige Schnabel des Grünlings ist gut geeignet, um größere Samen wie Sonnenblumenkerne und Bucheckern zu knacken oder um Früchte und Beeren zu fressen.

Weibchen an Hagebutten

Männchen

Der Grünling ist ein häufig vorkommender Vogel in Parks, Gärten, Dörfern und an Waldrändern. Er baut sein Nest gern in dichten Nadelbäumen und -büschen, meist in mehr als 2 m Höhe. Im Winter bilden sich oft kleinere Schwärme, die auch gemeinsam an die Futterhäuschen kommen.

Der Grünling wird 14 bis 16 cm groß.

Der Grünling kommt ganzjährig vor.

Jan | Feb | Mär | Apr | Mai | Jun | Jul | Aug | Sep | Okt | Nov | D

Der Stieglitz 032

wird auch Distelfink genannt

Der Stieglitz ist richtig schön bunt gefiedert. Er hat einen rot, weiß und schwarz gefärbten Kopf. Der Rücken ist braun und die schwarzen Flügel zeigen ein leuchtend gelbes Feld, das besonders im Flug auffällt. Seinen Namen Stieglitz verdankt er seinem markanten Ruf „**Stie-ge-litt**".

Zur Brutzeit kommt er in Dörfern, Parks und auf Friedhöfen mit hohen Bäumen vor, aber auch auf Streuobstwiesen und in Alleen. Den Rest des Jahres siehst du den Stieglitz meist in kleinen Gruppen umherstreifen, vor allem auf der Suche nach Distelsamen. Mitunter hängen die Vögel dann kopfüber an den Samenständen.

Schau genau!

Wenn du einen Schwarm Stieglitze beim Fressen beobachtest, achte einmal darauf, ob alle Vögel nach Samen picken. Denn mindestens einer hält Ausschau nach Feinden. Das ist praktisch für die Gruppe, denn so können die anderen in Ruhe fressen. Natürlich wechselt der Wächter regelmäßig, damit alle zum Fressen kommen.

Schwarm Stieglitze

Der Stieglitz wird 12 bis 14 cm groß.

Der Stieglitz kommt ganzjährig vor.

Jan | Feb | Mär | Apr | Mai | Jun | Jul | Aug | Sep | Okt | Nov | Dez

Der Bluthänfling

033

Beim Männchen des Bluthänflings sind die Brust und die Stirn rot. Der Kopf und der kleine Körnerfresserschnabel sind grau. Die Oberseite ist braun. Das Weibchen hat auch einen bräunlichen Rücken, der ist aber fein gestreift, genauso wie das weiße bis hellbraune Brustgefieder. Beim Auffliegen hörst du seinen dreisilbigen Ruf „Geg-geg-geg". Er singt gern von einer kleinen Warte aus.

Männchen

Mach mit!

Der Hänfling frisst am liebsten die Samen von „Ackerunkraut" und Stauden. Damit füttert er auch seine Jungen. Sind die Samen noch zu hart, weicht er sie in seinem Kropf erst einmal ein. Willst du den Hänflingen also etwas Gutes tun, lasse das „Unkraut" stehen und stelle eine Vogeltränke auf.

Hier füttert gerade das Weibchen.

Der Bluthänfling liebt vor allem Hecken und Flächen mit viel Unkraut. Die findet er an Ortsrändern, Bahndämmen, auf Bauernhöfen, in Parks und Gärten. Er brütet in niedrigen Büschen und, da die Hänflinge recht gesellig sind, auch in kleinen Kolonien. Deshalb gilt: „Einen Hänfling siehst du nur selten allein."

Der Bluthänfling wird 12,5 bis 14 cm groß.

Der Bluthänfling kommt ganzjährig vor.

Jan | Feb | Mär | Apr | Mai | Jun | Jul | Aug | Sep | Okt | Nov | Dez

Der Birkenzeisig

034

Mit der roten Stirn und der roten Brust sieht das Männchen des Birkenzeisigs zur Brutzeit dem Bluthänfling recht ähnlich. Das Weibchen hat nur rötliche Federn an der Stirn. Die braune Oberseite des Birkenzeisigs ist stark gestreift. Sein Ruf ist ein hartes „**Tschett-tschett-tschett**". Bei seinem wellenförmigen Singflug hörst du auch schwirrende „**Tschrrrrr**"-Rufe.

Schau genau!

In manchen Wintern wandern besonders viele Birkenzeisige aus dem Norden nach Mitteleuropa. Das ist eine Unterart. Sie ist etwas größer, grauer und hat einen weißlichen Bürzel.

Früher war der Birkenzeisig ein Brutvogel der Birken- und Nadelwälder Skandinaviens und der Alpen. Heute findest du ihn auch in Mitteleuropa. Auf der Suche nach Samen hangelt er sich geschickt durchs Geäst. Im Sommer werden auch Insekten gefressen.

Männchen

Ein Männchen mit fünf Weibchen an der Futterstelle

Der Birkenzeisig wird 11,5 bis 14 cm groß.

Der Birkenzeisig kommt ganzjährig vor.

n | Feb | Mär | Apr | Mai | Jun | Jul | Aug | Sep | Okt | Nov | Dez

Der Haussperling 035

wird auch Spatz genannt

Das Männchen des Haussperlings erkennst du an seinem grauen Scheitel mit breiten, kastanienbraunen Streifen, am schwarzen Latz und den weißlichen Halsseiten. Beim Weibchen ist das Gefieder unauffällig graubraun mit dunklen Streifen und beigefarbenen Bändern an den Flügeln, die Bauchseite ist weißlich grau.

Männchen

Wichtig zu wissen!

Haussperlinge teilen gern. Sobald ein Tier Nahrung entdeckt hat, lockt es seine Freunde und Verwandten durch Rufe und beginnt erst zu fressen, wenn diese da sind. Große Brocken werden meist mit dem Fuß festgehalten und dann zerkleinert.

Fast überall dort, wo Menschen leben, ob in Dörfern, Vorstädten oder Stadtzentren mit großen Parkanlagen, kann man Haussperlinge beobachten. Ihre Nahrung besteht hauptsächlich aus Samen, Körnern, Knospen oder aus Haushaltsabfällen. Das kugelförmige Nest aus Stroh oder Gras legen die Tiere in Höhlen, Spalten, Nischen an Bauwerken, in Felsen, Erdwänden oder Bäumen an. Sie suchen sich auch ungewöhnliche Nistplätze (wie Straßenlampen oder Baumaschinen).

Der Haussperling wird 14 bis 16 cm groß.

Der Haussperling kommt ganzjährig vor.

Jan | Feb | Mär | Apr | Mai | Jun | Jul | Aug | Sep | Okt | Nov | D

Der Feldsperling

036

Auf den ersten Blick sieht der Feldsperling dem Spatz recht ähnlich, aber du kannst ihn leicht an seiner braunen Kopfkappe und dem schwarzen Ohrfleck erkennen. Er ist auch etwas scheuer als der Spatz. Seine Rufe sind nur schwer von denen des Haussperlings zu unterscheiden, er ruft etwas höher „**tschilp-tschilp**" und im Flug laut „**tett-ett-ett-ett**".

Schau genau!

Schon im Herbst besetzt der Feldsperling seine Bruthöhle für das nächste Jahr. Bis zur Brutsaison benutzt er sie als sichere Schlafhöhle. Wenn du eine besetzte Höhle kennst, kannst du im Winter ja mal schauen, ob der Sperling abends zum Schlafen hineinfliegt.

Feldsperling beim Füttern

Der Feldsperling mag es etwas ruhiger als der Spatz und bleibt lieber in Dörfern, auf Obstwiesen, in Feldgehölzen und auf Bauernhöfen. Dort baut er sich in einer Baumhöhle, einem Nistkasten, unter Dächern oder in Mauerlöchern ein Nest aus Stroh, Heu, Federn und anderem weichen Material. Zwei bis drei Bruten kann der Feldsperling im Jahr großziehen. Im Winter siehst du ihn oft zusammen mit Goldammern.

Der Feldsperling wird 13 bis 14 cm groß.

Der Feldsperling kommt ganzjährig vor.

n | Feb | Mär | Apr | Mai | Jun | Jul | Aug | Sep | Okt | Nov | Dez

Die Rohrammer

037

wird auch Rohrspatz genannt

Von der Färbung her ähnelt die Rohrammer einem Spatzen. Kopf und Kehle sind schwarz mit einem weißen Bartstreifen und weißem Halsband. Der Schnabel ist klein und zierlich. Die Oberseite des Gefieders ist rotbraun mit schwarzen Streifen, die Unterseite weißlich. Das Weibchen ist am Kopf braun. Meist hörst du die hohen „**Zieh**"-Rufe aus dem Schilf oder am Ufer.

Männchen

Weibchen

Die Rohrammer kommt häufig an Gewässern, Sümpfen und Mooren mit ausreichend Schilf und Röhricht vor. Hier sitzt sie gern oben an einem Schilfhalm und singt. Im Herbst fliegen die meisten Rohrammern zum Überwintern in den Mittelmeerraum, nur wenige bleiben bei uns.

Wichtig zu wissen!

Rohrammern haben ihre Nester oft am Boden. Kommt ein Nesträuber oder ein Störenfried in die Nähe des Nests, versucht die Rohrammer, den Feind abzulenken. Plötzlich flattert und hüpft sie mit hängenden Flügeln und mimt ein verletztes Tier. Hat sie den Feind vom Nest weggelockt, fliegt sie wieder munter davon.

Die Rohrammer wird 13 bis 15 cm groß.

Die Rohrammer kommt von März bis Oktober vor.

Jan | Feb | Mär | Apr | Mai | Jun | Jul | Aug | Sep | Okt | Nov

Der Kleinspecht

038

Weibchen

Unsere kleinste Spechtart sieht aus wie ein winziger Buntspecht. Das Gefieder ist aber fast komplett schwarz-weiß, nur das Männchen hat einen roten Scheitel. Der Rücken ist weiß gebändert und der Schnabel kurz und spitz. Im Frühjahr hörst du ihn laut „**kie-kie-kie-kei**" rufen. Das klingt ein bisschen wie ein Turmfalke. Seine Trommelwirbel sind etwas länger als die der anderen Spechte, mit kurzen Pausen zwischen den Wirbeln.

Die weiße Bänderung auf dem Rücken ist gut zu erkennen.

Der Kleinspecht brütet in Laubwäldern mit alten Bäumen, in Auwäldern, Parks, großen Gärten und auf Obstwiesen. Im Winter streift er bei der Nahrungssuche umher und ist dann auch in Gesellschaft von Meisen und Kleibern zu sehen. An den Futterstellen frisst er am liebsten Sonnenblumenkerne.

Männchen im Flug

Wichtig zu wissen!

Wie fast alle Spechte zimmert sich der Kleinspecht seine Bruthöhle selbst. Da das Einflugloch mit 32 bis 34 Millimetern auch für viele andere Höhlenbrüter wie Meisen, Kleiber oder Trauerschnäpper ideal ist, muss er seine schöne Höhle oft gegen andere „Hausbesetzer" verteidigen.

Der Kleinspecht wird 14 bis 16,5 cm groß.

Der Kleinspecht kommt ganzjährig vor.

n | Feb | Mär | Apr | Mai | Jun | Jul | Aug | Sep | Okt | Nov | Dez

Der Mittelspecht

039

Auf den ersten Blick sieht der Mittelspecht aus wie ein Buntspecht. Doch auf den zweiten Blick erkennst du beim Mittelspecht den etwas kleineren Schnabel, die rote Kopfplatte ohne schwarze Umrahmung und rosa Unterschwanzdecken anstelle der tiefroten. Vor allem im Frühjahr hörst du sein laut quäkendes „**Gwäk-gwäk-gwäk**“. Er trommelt so gut wie nie.

Schau genau!

Auf der Suche nach Mittelspechten musst du meist in die obere Hälfte der Bäume schauen. Nur im Winter, wenn die Nahrung knapp wird, suchen sie weiter unten in den Baumritzen nach Insekten. Sie bevorzugen eindeutig alte, natürliche Wälder und grobborkige Bäume wie Eichen. Auf Bäumen mit glatten Stämmen wirst du Mittelspechte eher selten finden.

Der Mittelspecht bevorzugt zum Brüten vor allem alte Eichen. In Parkanlagen und Obstgärten kann man ihn deshalb auch finden. Er ist sicher ein seltener Gast im Garten, doch außerhalb der Brutzeit stromert er auf der Suche nach Nahrung umher und kann so auch mal in deinem Garten auftauchen.

Der Mittelspecht wird 19,5 bis 22 cm groß.

Der Mittelspecht kommt ganzjährig vor.

Jan | Feb | Mär | Apr | Mai | Jun | Jul | Aug | Sep | Okt | Nov

Der Buntspecht

040

An seinem schwarz-weißen Gefieder mit den knallroten Unterschwanzdecken erkennst du den Buntspecht. Das Männchen hat zusätzlich noch einen roten Fleck im Nacken. Im Frühling markiert er mit kurzen Trommelwirbeln auf morschem Holz sein Revier. Sonst hörst du meist nur ein kurzes „**Kicks-kicks**".

Erstaunlich!

Die Schnabelhiebe auf das harte Holz haben beim Specht keine Kopfschmerzen zur Folge. Der Schädel ist besonders dick und robust. Außerdem ist der Schnabel federnd mit dem Schädel verbunden.

Er kommt in allen Wäldern und Parks vor. Mit seinem kräftigen Schnabel zimmert er seine Bruthöhle in den Baumstamm. Wenn er nicht gerade baut, hämmert er mit dem Schnabel Insektenlarven aus dem morschen Holz, öffnet damit Nüsse oder pult Samen aus Tannenzapfen. Im Winter kommt er auch an die Futterhäuschen.

Der Buntspecht wird 23 bis 24 cm groß.

Der Buntspecht kommt ganzjährig vor.

Feb Mär Apr Mai Jun Jul Aug Sep Okt Nov Dez

Der Wendehals

041

Mit laut quäkenden „**Wäd-wäd-wäd**"-Rufen macht der Wendehals im Frühling auf sich aufmerksam. Ohne seine Rufe würdest du ihn mit seinem rindenfarben braunen Gefieder kaum bemerken. Obwohl ihm die typischen Merkmale fehlen (Stützschwanz, Meißelschnabel), gehört er zur Familie der Spechte. Er hat eine lange, klebrige Zunge und brütet in Baumhöhlen.

Der Wendehals ist eher selten. Du findest ihn auf Streuobstwiesen, in offenen Wäldern und Parks. Es darf aber dort nicht zu nass sein und es muss genügend Ameisen geben. Er ist der einzige Specht, der im Winter bis nach Zentralafrika fliegt.

Erstaunlich!

Der Wendehals verdankt seinen Namen einem ungewöhnlichen Verhalten. Wird er von einem Feind in die Enge getrieben, fängt er an, den Kopf schlangenartig hin und her zu bewegen oder ruckartig zurückzuziehen. Dazu gibt er noch zischende Laute von sich. Indem er eine Schlange nachmacht, versucht er, seine Feinde zu vertreiben.

Der Wendehals wird 16 bis 18 cm groß.

Der Wendehals kommt von April bis September vor.

Jan | Feb | Mär | Apr | Mai | Jun | Jul | Aug | Sep | Okt | Nov

Die Rauchschwalbe 042

Im Flug fallen die langen Schwanzspieße dieses eleganten Fliegers auf. Das Rückengefieder der Rauchschwalbe glänzt metallisch blau, der Bauch ist weiß.. Stirn und Kehle sind auffällig dunkelrot. Im Sommer kannst du ihr schnelles, raues Zwitschern und ihren Flugruf „**Witt**" in den Dörfern hören.

Rauchschwalbe im Flug

Schau genau!

Wie die Mehlschwalbe baut auch die Rauchschwalbe ein Nest aus Lehm. Du kannst sie dabei beobachten, wie sie in kleinen Pfützen mit dem Schnabel Lehmklümpchen sammelt. Doch während die Mehlschwalbe ihr Nest außen an Hauswänden anbringt, findest du die Rauchschwalbennester fast ausschließlich in Gebäuden und vor allem in Ställen. Schau genau hin, dann entdeckst du bestimmt ein Nest!

Im April kehren die Rauchschwalben aus ihren afrikanischen Winterquartieren zurück. Sie brüten dann bei uns gern auf Bauernhöfen, wo Kühe und Schweine viele Fliegen anziehen. Im Herbst sammeln sie sich für die Reise nach Afrika häufig auf Leitungsdrähten und im Schilf.

Die Rauchschwalbe wird 18 bis 20 cm groß.

Die Rauchschwalbe kommt von April bis Oktober vor.

Feb | Mär | Apr | Mai | Jun | Jul | Aug | Sep | Okt | Nov | Dez

Der Mauersegler

043

Den Mauersegler kannst du fast immer in der Luft beobachten. Mit seinen schmalen, sichelförmigen Flügeln und dem gegabelten Schwanz ist er ein perfekter Flieger. Er erinnert etwas an Schwalben, ist aber größer und hat bis auf eine helle Kehle ein schwarzes Gefieder. Die Beine sind so kurz, dass er damit kaum laufen kann.

Erstaunlich!

Der Mauersegler verbringt die meiste Zeit seines Lebens in der Luft, sogar im Schlaf. Dafür fliegt er abends bis zu 3 000 Meter hoch in die Luft. Dann segelt er die meiste Zeit. Er muss nur wenig mit den Flügeln schlagen, um ab und zu wieder an Höhe zu gewinnen. Bei Windstille segelt er in großen spiralförmigen Bahnen, um sich nicht so weit vom Ausgangspunkt zu entfernen.

Eigentlich brütet der Mauersegler in Felsspalten und Baumhöhlen. Mittlerweile lebt er aber auch in der Stadt und hat sich an das Leben in der Nähe der Menschen angepasst. Du kannst ihn gut dabei beobachten, wie er rasant durch die Häuserschluchten saust und schrill „**srii-srii**" ruft.

Der Mauersegler wird 17 bis 19 cm groß.

Der Mauersegler kommt von Mai bis August vor.

Jan | Feb | Mär | Apr | **Mai** | **Jun** | **Jul** | **Aug** | Sep | Okt | Nov

Die Bachstelze

044

Mit kleinen, trippelnden Schritten läuft die Bachstelze umher. Dabei wackelt sie mit dem Kopf und wippt oft mit ihrem langen Schwanz. Das Gefieder ist schwarz-weiß und grau. Auffällig sind der schwarze Kehllatz, die schwarze Kopfkappe und die weiße Gesichtsmaske. Im wellenförmigen Flug ruft sie „**zli-ipp**" oder „**ziwlitt**".

Wichtig zu wissen!

Der Name Bachstelze passt eigentlich viel besser zur **Gebirgsstelze**, denn diese lebt an sauberen, schnell fließenden Bächen und kleinen Flüssen. Dort baut sie ihr Nest in die Uferböschung oder in Höhlungen von Brücken. Du erkennst sie leicht an ihrem blaugrauen Rücken und Kopf, der gelben Unterseite und dem gelben Bürzel. Das Männchen hat im Gegensatz zum Weibchen eine schwarze Kehle.

Gebirgsstelze (Männchen)

Die Bachstelze ist ein Kulturfolger, sie wohnt gern in der Nähe von menschlichen Siedlungen. Hier baut sie ihr Nest in Nischen und Halbhöhlen, zum Beispiel in Holzstapeln oder unter dem Dach des Gartenhäuschens. Im Oktober ziehen die meisten Bachstelzen ans Mittelmeer, einige bleiben im Winter in warmen Gegenden auch hier.

Die Bachstelze wird 17 bis 19 cm groß.

Die Bachstelze kommt von März bis Oktober vor.

Jan | Feb | Mär | Apr | Mai | Jun | Jul | Aug | Sep | Okt | Nov | Dez

Die Feldlerche

045

Das Gefieder der Feldlerche ist auf der Oberseite erdfarben bis graubraun mit dunkler Zeichnung, die Brust ist gelblich weiß mit schwarzbraunen Streifen. Auffällig sind der lange Schwanz mit weißen Außenkanten und die kurze, struppige Haube am Kopf, die sich bei Erregung aufrichtet.

Mach mit!

Ab April kannst du auf Feldern und Äckern den wunderschönen Ruf der Feldlerche („**trieh**“ oder „**trilie**“) hören. Versuch doch mal, ihren Gesang aufzunehmen, dann kannst du ihn dir immer wieder anhören. Was kannst du noch für Rufe hören und erkennen?

Nest am Boden

Als Brutgebiet nutzt die Feldlerche offene Landschaften mit Feldern, Wiesen, Brachen und einzelnen Bäumen oder Büschen, in denen es ausreichend Nahrung (Insekten, Würmer, Schnecken, Samen, Pflanzenteile) gibt. Das Nest aus Grashalmen und Wurzeln wird am Boden in einer Mulde zwischen Pflanzen angelegt. Leider gibt es nicht mehr so viele Feldlerchen wie früher, da Felder und Äcker stark bewirtschaftet und mit giftigen Unkraut- und Schädlingsbekämpfungsmitteln behandelt werden.

Die Feldlerche wird 16 bis 18 cm groß.

Die Feldlerche kommt von März bis September vor.

Jan | Feb | Mär | Apr | Mai | Jun | Jul | Aug | Sep | Okt | Nov | D

Die Nachtigall

046

Die Nachtigall gilt als einer der besten Sänger unserer Vogelwelt. Trotz des Namens kannst du ihrem lauten, melodischen Gesang auch morgens oder abends lauschen. Sie lebt im dichten Gebüsch, deshalb ist sie selten zu sehen. Das Gefieder ist sehr unscheinbar: Die Oberseite ist einfarbig rotbraun mit rostrotem Schwanz, die Unterseite ist weißlich mit bräunlicher Brust.

Nachtigall im Gebüsch

Erstaunlich!

Obwohl sie die wenigsten je gesehen haben, ist die Nachtigall einer der bekanntesten Vögel. Ihr Gesang besteht aus mehreren „Strophen",bei denen Einzel- und Doppeltöne aneinandergereiht sind. Häufig werden gegen Ende Teile rhythmisch wiederholt. Dabei entsteht das sogenannte „Schlagen".

singende Nachtigall

Du findest sie in dichten Gebüschen von Parks, Waldrändern, Flussufern, Gräben und Auwäldern. Sie lebt gern in der Nähe von Gewässern und anderen feuchten Standorten, dort bleibt sie meist gut versteckt im Dickicht. Ihr Nest baut sie am Boden. Im Herbst zieht sie zum Überwintern ins südliche Afrika.

Die Nachtigall wird 16 bis 17 cm groß.

Die Nachtigall kommt von April bis September vor.

n | Feb | Mär | Apr | Mai | Jun | Jul | Aug | Sep | Okt | Nov | Dez

Die Amsel

047

Die männliche Amsel hat ein einheitlich pechschwarzes Federkleid und einen leuchtend gelben Schnabel. Dagegen ist das Weibchen eher unscheinbar braun gefärbt. Die Amsel zählt zu unseren schönsten und melodischsten Sängern. Im Winter hörst du ihre schnellen „**Tick-tick**"-Rufe.

Männchen

Amsel beim Brüten

Schau genau!

Amseln sind Meister im Nestbau. Zuerst wird ein napfförmiger Rohbau aus Wurzeln, Halmen und Moos angefertigt. Dann kleidet der Vogel das Ganze mit feuchter Erde und Lehm aus, sodass ein richtig hartes und stabiles Nest entsteht, wenn die Erde trocknet. Zuletzt polstert er mit einer Schicht feiner weicher Halme die Nestmulde aus. Die Nester werden meist in dichtem Gebüsch angelegt, kommen aber auch in einem Balkonkasten oder in einer offenen Garage vor. Vielleicht findest du ja eines bei euch in der Garage!

Eigentlich war die Amsel ein scheuer Waldvogel, doch vor ca. 150 Jahren ist sie langsam in unsere Dörfer und Städte eingewandert und zählt jetzt zu unseren häufigsten Brutvögeln.

Die Amsel wird 24 bis 29 cm groß.

Die Amsel kommt ganzjährig vor.

Jan | Feb | Mär | Apr | Mai | Jun | Jul | Aug | Sep | Okt | Nov | D

Die Wacholderdrossel 048

Neben der Singdrossel ist die Wacholderdrossel die häufigste und geselligste Drossel. Kopf und Bürzel sind grau, der Rücken ist braun, der Schwanz schwarz und die Brust beige mit dunklen Punkten. Für die Wacholderdrosseln typisch ist das Schackern „**Schak-schak-schak**", das sie besonders dann vortragen, wenn sie vor Feinden warnen. Ihr Gesang ist eher ein unmusikalisches, schwatzendes Zwitschern.

Erstaunlich!

Gemeinsam ist man stärker, das ist auch das Motto beim Brüten. So können sich die in kleinen Kolonien brütenden Wacholderdrosseln besser gegen Feinde verteidigen. Gemeinsam werden die Störenfriede mit laut schackernden Rufen angegriffen. Besonders gefährliche Gegner werden sogar mit Kot bespritzt.

In Westdeutschland war die Wacholderdrossel noch vor 200 Jahren ein reiner Wintergast und unter dem Namen Krammetsvogel bekannt. Heute hat sie sich weiter in den Süden bis nach Frankreich ausgebreitet. Sie brütet gern in feuchten Wäldern, hat aber auch Städte, Parks und Gärten erobert.

Die Wacholderdrossel wird 22 bis 27 cm groß.

Die Wacholderdrossel kommt ganzjährig vor.

Feb	Mär	Apr	Mai	Jun	Jul	Aug	Sep	Okt	Nov	Dez

Die Singdrossel

049

Die Singdrossel ist eine kleine, unauffällige Drossel. Mit ihrem braunen Rücken und der hellen Unterseite mit den schwarzen Tupfen ist sie prima getarnt. Ihr Gesang ist wunderschön und leicht zu erkennen, denn die Singdrossel wiederholt ihre kurzen Strophen immer zwei- bis dreimal.

Wichtig zu wissen!

In den letzten 150 Jahren hat eine weitere Drossel unsere Parks, Friedhöfe und Wälder besiedelt: die lautstarke **Wacholderdrossel**. Aus Sibirien kommend, hat sie in kurzer Zeit fast ganz Europa erobert. Mit ihrem grauen Kopf und Bürzel, dem kastanienbraunen Rücken und Flügeln und der orangebraunen, gestrichelten Brust ist sie unsere bunteste und geselligste Drossel, die oft große Schwärme bildet.

Wacholderdrossel

Die Singdrossel öffnet Schneckenhäuser an einem Stein („Drosselschmiede").

In Wäldern, Parks und auf Friedhöfen brütet die Singdrossel regelmäßig. Sie sucht unauffällig an Waldrändern und Hecken nach Nahrung. Im Oktober fliegt sie zum Überwintern nach West- und Südeuropa und kommt im März wieder zurück.

Die Singdrossel wird 20 bis 22 cm groß.

Die Singdrossel kommt von März bis Oktober vor.

Jan | Feb | Mär | Apr | Mai | Jun | Jul | Aug | Sep | Okt | Nov

Die Misteldrossel

050

Die Misteldrossel ist unsere größte Drossel. Am auffälligsten ist ihre weiße Unterseite mit den dunklen Punkten. Die Oberseite ist hellbraun und im Vergleich zur Singdrossel hat sie ein helles Gesicht. Beim Auffliegen kannst du gut die weißlichen Unterflügel erkennen, außerdem hörst du dann häufig ihren schnarrenden Flugruf **„Trrr"**. Ihr Gesang ist dagegen sehr melodisch. Er erinnert an den der Amsel, nur sind die Strophen kürzer.

Wichtig zu wissen!

Die Beeren der Mistel sind die Leibspeise der Misteldrossel. Im Herbst und Winter kannst du die Vögel an den Sträuchern in den Bäumen gut beobachten. Wenn sie die klebrigen Beeren fressen, streifen sie den Samen vom Schnabel am Ast ab. Der Samen kann zu einer neuen Mistel auskeimen.

Misteldrosseln mögen hochstämmige Wälder und brüten am liebsten in alten Nadelbäumen. Sie haben sich aber auch in Parks und Gärten vorgewagt. Du kannst zwar das ganze Jahr über Misteldrosseln bei uns entdecken, aber ein Teil überwintert auch in West- und Südeuropa. Die Misteldrossel ist also ein Teilzieher.

Die Misteldrossel wird 26 bis 29 cm groß.

Die Misteldrossel kommt ganzjährig vor.

Feb | Mär | Apr | Mai | Jun | Jul | Aug | Sep | Okt | Nov | Dez

Die Rotdrossel

051

Ab Oktober lohnt es sich, die Drosselschwärme etwas genauer zu beobachten, denn dann könnte auch die Rotdrossel darunter sein. Sie ist etwa so groß wie eine Singdrossel, hat aber eine rostrote Flanke. Auffällig sind der weiße Überaugenstreif und der weiße Bartstreif. Da sie nur ein Wintergast ist, wirst du ihren Gesang nicht hören, dafür aber den Flugruf, ein hohes, gedehntes „**Zieeh**".

Wichtig zu wissen!

Alle paar Jahre brüten vereinzelt auch Rotdrosseln in Deutschland. Das sind wahrscheinlich Vögel, die den Zug nach Norden vorzeitig abbrechen.

Auf der Suche nach Fallobst und Beeren kommt die Rotdrossel auch in unsere Gärten.

Die Rotdrossel brütet in Nordeuropa, in Finnland ist sie zum Beispiel der dritthäufigste Brutvogel. Bei uns taucht sie vor allem zur Zugzeit im Herbst und im Frühjahr auf, denn ihre Überwinterungsgebiete liegen in West- und Südeuropa.

Die Rotdrossel wird 19 bis 23 cm groß.

Die Rotdrossel kommt von Oktober bis April vor.

Jan | Feb | Mär | Apr | Mai | Jun | Jul | Aug | Sep | Okt | Nov

Der Neuntöter

052

wird auch Rotrückenwürger genannt

Das Männchen hat einen grau-weißen Kopf mit einer schwarzen Gesichtsmaske. Am schwarzen, hakenförmigen Schnabel erkennst du, dass er ein Fleischfresser ist. Neben der rotbraunen Oberseite und der leicht rosafarbenen Brust fällt im Flug das schwarz-weiße Schwanzmuster auf. Das Weibchen ist blasser gefärbt, hat keine schwarze Maske und eine gebänderte Unterseite. Am häufigsten hörst du ein heiseres „**Dschääh**" oder ein scharfes „**Teck-teck**".

Erstaunlich!

Hat der Neuntöter mehr gefangen, als er fressen oder an seine Jungen verfüttern kann, spießt er die überschüssige Beute auf Dornen auf. So hat er auch bei schlechtem Wetter genug zu fressen. Früher glaubte man, er würde erst neun Beutetiere aufspießen, bevor er anfängt zu fressen. So hat er seinen Namen bekommen.

Erst im Mai kommen die Neuntöter aus ihrem weit entfernten Winterquartier im südlichen Afrika zurück. Sie brüten in offenen Landschaften mit Hecken und Gebüschen. Auf erhöhten Plätzen wie Buschspitzen oder Pfosten halten sie nach Insekten Ausschau, aber auch Mäuse, Jungvögel oder Eidechsen stehen auf ihrem Speiseplan.

Weibchen

Männchen

Der Neuntöter wird 17 cm groß.

Der Neuntöter kommt von Mai bis September vor.

Feb	Mär	Apr	Mai	Jun	Jul	Aug	Sep	Okt	Nov	Dez

Der Seidenschwanz

053

Im Winter bekommen wir manchmal von einem ganz schicken Vogel Besuch, dem Seidenschwanz. In Beige-Rosa, mit Federhaube, der schwarzen Kehle und Augenmaske, den roten, gelben und weißen Flügelmarkierungen und dem leuchtend gelben Schwanzende sieht er richtig elegant aus. Im Flug gleicht er einem Star. Dabei ruft er hoch „**srii**", was an ein helles Glöckchen erinnert.

Der Seidenschwanz erscheint nicht jeden Winter bei uns. Nur wenn das Futter in seinen Brutgebieten Skandinavien und Sibirien knapp wird, wandert er weiter nach Süden.

Wichtig zu wissen!

Normalerweise fliegen Zugvögel hin und zurück die gleiche Route. Einige Vögel machen aber einen sogenannten Schleifenzug. Sie nehmen unterschiedliche Wege. Der Seidenschwanz fliegt auf dem Weg in den Süden über Osteuropa, auf dem Rückweg hält er sich viel weiter westlich. Deshalb tauchen in Westdeutschland die Seidenschwänze meist erst ab Februar auf.

Der Seidenschwanz wird 18 bis 21 cm groß.

Der Seidenschwanz kommt von Oktober bis April vor.

Jan	Feb	Mär	Apr	Mai	Jun	Jul	Aug	Sep	Okt	Nov

Der Star

054

Der Star hat ein schwarzes bis grün-violettes, metallisch glänzendes Gefieder. Nach dem Gefiederwechsel im Herbst zeigen die neuen Federn eine weiße Spitze. Daher hat der Star seinen Namen, denn die weißen Spitzen sehen aus wie Sterne. Er wird dann auch Perlstar genannt. Bis zum Frühling haben sich die weißen Spitzen abgenutzt und das Gefieder ist deutlich schwärzer. Der Schnabel leuchtet gelb.

Schau genau!

Von Weitem sehen sich Star und Amsel recht ähnlich. Achte aber einmal darauf, wie sie über die Wiese laufen: Die Amsel hopst mit beiden Beinen, während der Star einen Fuß vor den anderen setzt und dabei mit dem Kopf wackelt. Der Star kann übrigens den Gesang anderer Vögel recht gut nachmachen. Also nicht wundern, wenn im Garten scheinbar ein Bussard ruft.

Perlstar

In lichten Wäldern, Parks und Gärten ist der Star zu Hause, wenn es dort geeignete Bruthöhlen gibt. Meist ist das eine alte Spechthöhle oder ein Nistkasten. Im Herbst bilden sich große Schwärme aus oft mehreren tausend Vögeln, die zum Überwintern in den Mittelmeerraum fliegen. Einige Stare bleiben in der kalten Jahreszeit auch bei uns, meist in den wärmeren Großstädten.

Der Star wird 19 bis 22 cm groß.

Der Star kommt von Februar bis November vor.

Feb | Mär | Apr | Mai | Jun | Jul | Aug | Sep | Okt | Nov | Dez

Der Kernbeißer

055

Du erkennst den Kernbeißer sofort an seinem kräftigen, dicken Schnabel und seiner Größe. Das Männchen hat einen orangebraunen Kopf und ein graues Nackenband. Das Weibchen ist etwas blasser. Die schwarz-weißen Flügel und das weiße Schwanzende sind im Flug gut zu erkennen. Der Gesang ist sehr leise und kaum zu hören, dafür ruft er sehr laut ein scharfes „**Zick**“.

Kernbeißer im Flug

Männchen

Erstaunlich!

Mit seinem dicken Schnabel kann der Kernbeißer ungeheuren Druck ausüben. Außerdem hat er scharfe Schneidkanten im Schnabel und knackt damit mühelos Kirschkerne auf. Dabei erzeugt er einen Druck von bis zu 70 kg. Vielleicht hast du schon mal aus Versehen auf einen Kirschkern gebissen, dann weißt du sicherlich, wie hart er ist.

Der Kernbeißer brütet in Parks, Laub- und Mischwäldern. Im Sommer verbringt er die meiste Zeit in den Baumkronen und kommt nur zum Trinken auf den Boden. Am besten kannst du ihn im Winter beobachten, wenn die Bäume kahl sind und er zum Fressen an die Futterstellen kommt.

Der Kernbeißer wird 17 bis 18 cm groß.

Der Kernbeißer kommt ganzjährig vor.

Jan | Feb | Mär | Apr | Mai | Jun | Jul | Aug | Sep | Okt | Nov

Der Gimpel

056

Wird auch Dompfaff genannt

Männchen

Ein gemütlicher, dicklicher Vogel mit hellrotem Brust- und Bauchgefieder, einer schwarzen Kopfplatte und einem schwarzen Gesicht – das kann nur der Gimpel sein. Der Rücken ist grau und im Flug leuchtet ein weißer Bürzel auf. Auffällig ist auch der dicke Körnerfresserschnabel. Das Weibchen ist etwas blasser gefärbt und hat ein hellbraunes Brust- und Bauchgefieder. Mit weichen „**Djüh**“- oder „**Bit-bit**“-Rufen halten die Gimpel untereinander Kontakt.

Weibchen

Erstaunlich!

Früher wurden Gimpel häufig wie Kanarienvögel in Käfigen gehalten. Nicht nur wegen ihres schönen Gefieders, sondern auch wegen ihres Gesangs. Denn junge Gimpel sind sehr lernfähig. In der Natur lernen sie die Strophen von ihren Eltern. Wird ein junger Gimpel aber mit der Hand aufgezogen, kann er ein bis zwei Melodien und ganze Liederstrophen lernen, die ihm sein Pfleger vorpfeift.

In gebüschreichen Nadel- und Mischwäldern, auf Friedhöfen, in Parks und Gärten ist der Gimpel im Sommer zu Hause. Während der Brutzeit verhält er sich sehr unauffällig, sodass man ihn kaum sieht.

Der Gimpel wird 16 bis 17 cm groß.

Der Gimpel kommt ganzjährig vor.

Feb Mär Apr Mai Jun Jul Aug Sep Okt Nov Dez

Der Fichtenkreuzschnabel

057

Sein Markenzeichen ist sicher der gekreuzte Schnabel. Schneller erkennst du die Männchen aber an ihrem ziegelroten Gefieder. Die Weibchen haben dagegen ein grünliches Federkleid. Bei beiden sind die Flügel dunkel. Der Vogel ruft im Flug oft ein kräftiges, hohes „**Gipp-gipp**". Fichtenkreuzschnäbel sind sehr gesellig und meist in kleinen Gruppen unterwegs.

Weibchen

Männchen

Erstaunlich!

Nur da, wo es genug Zapfen gibt, kann der Fichtenkreuzschnabel auch brüten. Er beginnt damit schon im Februar/März, wenn sogar noch Schnee liegt. Die Küken schlüpfen mit „normalem" Schnabel, aber schon nach zwei Wochen fängt dieser an, sich zu überkreuzen.

Der Fichtenkreuzschnabel ist ein reiner Nadelwaldbewohner, da er sich hauptsächlich von den Samen der Fichtenzapfen ernährt. Auf der Suche nach Zapfen wandert er viel herum und kommt auch in Parks, Gärten und auf Friedhöfe.

Mit dem Schnabel schneidet er die Schuppen der Zapfen bis zu den Samen auf.

Der Fichtenkreuzschnabel wird 15 bis 17 cm groß.

Der Fichtenkreuzschnabel kommt ganzjährig vor.

Jan | Feb | Mär | Apr | Mai | Jun | Jul | Aug | Sep | Okt | Nov

Die Goldammer

058

Der intensiv gelbe Kopf und die gelbe Unterseite geben der Goldammer ihren Namen. Der Bürzel ist rostrot, der Rücken braun gestreift. Über die Brust zieht sich ein braunes Band. Das Weibchen ist blasser und weniger stark gelb gefärbt. Auffällig ist der klirrende Gesang, der gut mit den Worten „**Ich, ich, ich hab dich so lieeeeb**“ umschrieben wird.

Männchen

Goldammerweibchen im Schnee

Unsere häufigste Ammer findest du auf offenen Heiden sowie Wiesen- und Ackerflächen mit Büschen und Hecken. Aber auch auf großen Waldlichtungen fühlt sie sich zu Hause. Ihr Nest liegt versteckt am Boden. Im Winter bilden sich kleine Schwärme, die meist in der Nähe von Scheunen und Bauernhöfen bleiben. Dort finden sie noch genügend Körner von der Getreideernte.

Mach mit!

Ist dir schon einmal aufgefallen, dass viele Vögel um die Mittagszeit nicht mehr singen? Versuch mittags einmal, nach Vogelstimmen zu lauschen. Du wirst feststellen, dass sich viele Vögel ein schattiges Plätzchen suchen und eine Pause vom Singen machen. Bis auf die Goldammer: Sie singt auch während der größten Hitze.

Die Goldammer wird 16 bis 17 cm groß.

Die Goldammer kommt ganzjährig vor.

Feb | Mär | Apr | Mai | Jun | Jul | Aug | Sep | Okt | Nov | Dez

Die Lachmöwe 059

Mit ihrem schokoladenbraunen Kopf fällt die Lachmöwe im Brutkleid gleich auf. Schnabel und Beine sind kräftig rot gefärbt, die Flügelspitzen schwarz. Im Schlichtkleid bleibt von dem dunklen Kopf nur ein schwarzer Fleck hinter dem Auge.

Wichtig zu wissen!

Ihren Namen hat die Lachmöwe einer Verwechslung zu verdanken, denn ihre krähenden Rufe haben wenig mit Lachen zu tun. Und auch die Tatsache, dass sie gern an flachen Seen, sogenannten Lachen, brütet, ist eher ein Zufall. Als die Lachmöwe ihren Namen bekam, wurde sie noch mit einer in Nordamerika lebenden, sehr ähnlichen Möwe als eine Art gezählt. Diese Möwe hat tatsächlich einen lachenden Ruf.

Schlichtkleid

Die Lachmöwe ist die häufigste Möwe an der Küste. Sie brütet oft in großen Kolonien in den Salzwiesen oder am Ufer von Seen. Im Winter kommt sie auch an Parkteiche und lässt sich dort füttern.

Brutkleid

Die Lachmöwe wird 35 bis 39 cm groß.

Die Lachmöwe kommt ganzjährig vor.

Jan | Feb | Mär | Apr | Mai | Jun | Jul | Aug | Sep | Okt | Nov

Der Wanderfalke

060

Die Sturzflüge auf seine Beute sind spektakulär. Dabei erreicht der Wanderfalke Geschwindigkeiten von über 300 Stundenkilometern, so schnell ist kein anderer Vogel auf der Welt. Seine Oberseite ist blau- bis schiefergrau, die Unterseite weiß mit einer schwarzen Querbänderung. Du kannst ihn gut an dem breiten schwarzen Bartstreif auf der weißen Wange erkennen. Die Männchen sind mehr grau, die größeren Weibchen eher braun gefärbt.

Wichtig zu wissen!

Noch vor ca. 50 Jahren war der Wanderfalke in Deutschland fast ausgestorben. Durch das Pflanzenschutzmittel DDT in seinen Beutetieren wurden die Eierschalen immer dünner und zerbrachen beim Brüten. Außerdem wurden die Vögel von Taubenzüchtern vergiftet, die Angst um ihre Tiere hatten. Dank intensiver Schutzmaßnahmen haben sich die Bestände wieder gut erholt.

Normalerweise brütet der Wanderfalke in Felswänden. So ist es ihm nicht schwergefallen, auch Großstädte mit ihren felsenartigen Hausfassaden zu besiedeln.

Der Wanderfalke ist fast ausschließlich ein Vogeljäger und sorgt dafür, dass die Stadttauben nicht überhandnehmen.

Der Wanderfalke wird 38 bis 51 cm groß.

Der Wanderfalke kommt ganzjährig vor.

Feb Mär Apr Mai Jun Jul Aug Sep Okt Nov Dez

Der Turmfalke

061

Rüttelflug

Wie ein Hubschrauber kann der Turmfalke in der Luft stehen, indem er kräftig mit den Flügeln rüttelt. Der lange Schwanz dient dabei als Steuerruder. Daran kannst du ihn gut im Flug erkennen. Das Männchen hat einen grauen Kopf und einen rotbraunen Rücken mit schwarzen Tupfen. Das Weibchen ist braun mit schwarzer Bänderung.

Wichtig zu wissen!

Der Bruterfolg von Greifvögeln wie dem Turmfalken ist stark von seiner Beute abhängig. Ein Turmfalke braucht pro Tag ungefähr zwei Mäuse. Wenn er viele Mäuse fängt, legt der Turmfalke auch mehr Eier, denn er kann seine Jungen ausreichend füttern. In einem schlechten Mäusejahr legt er weniger Eier.

Früher nistete der Turmfalke an Felsabbrüchen. Aber wie der Name schon sagt, nutzt er auch Türme, Häuser, Scheunen oder verlassene Krähennester als Nistplatz. Für die Jagd nach Mäusen und großen Insekten bevorzugt er Wiesen und Ackerflächen. In der Stadt machen Turmfalken eher Jagd auf Kleinvögel.

Männchen mit Maus

Der Turmfalke wird 31 bis 37 cm groß.

Der Turmfalke kommt ganzjährig vor.

Jan | Feb | Mär | Apr | Mai | Jun | Jul | Aug | Sep | Okt | Nov

Der Sperber

062

Seinen Namen verdankt der Sperber seinem gestreiften Brustgefieder, was als „gesperbert" bezeichnet wird. Beim kleineren Männchen ist die Unterseite eher orange-braun, beim großen Weibchen weiß-braun gestreift. Außerdem hat das Männchen einen grauen Rücken, das Weibchen einen braunen. Im Vergleich zu Falken sind die Flügel viel breiter und der Schwanz ist länger. So kann er rasant scharfe Kurven fliegen.

Männchen

Schau genau!

Der Größenunterschied von Männchen und Weibchen ist beim Sperber gewaltig. Wenn du sie zusammen siehst, glaubst du kaum, dass sie zusammengehören. Das Weibchen ist fast ein Drittel größer und knapp doppelt so schwer wie das Männchen. So fängt das Männchen vor allem kleinere Singvögel, während das Weibchen auch Beute bis zur Taubengröße fangen kann.

Weibchen

Der Sperber mag abwechslungsreiche Gebiete mit Wäldern, Hecken und Gebüschen. So ist er auch in Parks anzutreffen. Vor allem im Winter kommt er in Städte und Dörfer, denn als reiner Vogelfänger hofft er auf Beute an den Futterstellen.

Der Sperber wird 29 bis 41 cm groß.

Der Sperber kommt ganzjährig vor.

Feb | Mär | Apr | Mai | Jun | Jul | Aug | Sep | Okt | Nov | Dez

Die Waldohreule

063

An ihren „Federohren", die sie bei Erregung aufrichtet, kannst du die schlanke Waldohreule gut erkennen. Sie hat ein braun geschecktes, baumrindenartiges Gefieder, mit dem sie tagsüber bestens getarnt ist. Im Frühling hörst du nachts im Wald oder Park ihre gedämpften „**Uh-uh**"-Rufe. Die „Federohren" sind übrigens nur Federbüschel!

Wichtig zu wissen!

Eulen verfügen über fantastische Sinnesleistungen. Mit ihren großen, starren Augen können sie nachts drei- bis zehnmal so gut sehen wie ein Mensch. Die Ohren sind so gut, dass sie nicht nur das leiseste Rascheln einer Maus hören, sondern auch genau wissen, wo sie sitzt. Beim Jagen helfen ihnen auch die winzigen Härchen auf ihrem Gefieder, die einen lautlosen Flug ermöglichen.

Sie nistet an Waldrändern, in Feldgehölzen, Parks oder auf Friedhöfen. Meist brütet sie in verlassenen Krähen- oder Elsternestern. Im Winter kommen viele Waldohreulen in die Städte. Sie übernachten gern zu mehreren im gleichen Nadelbaum.

Jungvogel (= Ästling)

Die Waldohreule wird 31 bis 37 cm groß.

Die Waldohreule kommt ganzjährig vor.

Jan | Feb | Mär | Apr | Mai | Jun | Jul | Aug | Sep | Okt | Nov

Der Waldkauz

064

Tagsüber sitzt der Waldkauz gut versteckt in einer Baumhöhle. Durch sein braun gestreiftes, rindenfarbiges Gefieder ist er bestens getarnt. Er hat einen großen runden Kopf, mit großen schwarzen Augen. Wenn es in Filmen besonders gruselig werden soll, hört man im Hintergrund oft die Stimme des Waldkauzes, der dumpf „**huuh hu-huhuu**" durch die Nacht ruft. Im Wald hörst du diesen Ruf besonders im Frühling und Herbst. Das Weibchen ruft kurz „**kuitt**".

Erstaunlich!

Eulen besitzen im Gegensatz zu allen anderen Wirbeltieren nicht 7, sondern 14 Halswirbel. So haben sie einen besonders beweglichen Hals, den sie weit über den Rücken drehen können. Das müssen sie auch, denn ihre Augen können nicht nach rechts oder links schauen, sondern sitzen starr in den Augenhöhlen.

Der Waldkauz kommt in Wäldern, Parks und Feldgehölzen vor. Er sucht alte, höhlenreiche Bäume, um darin zu brüten. Manchmal zieht er auch in alte Schornsteine ein und sitzt dann abends auf dem Hausdach. Die Jungen verlassen schon sehr früh das Nest und klettern als Ästlinge in den Bäumen herum, bis sie richtig fliegen können.

Der Waldkauz wird 37 bis 42 cm groß.

Der Waldkauz kommt ganzjährig vor.

Feb | Mär | Apr | Mai | Jun | Jul | Aug | Sep | Okt | Nov | Dez

Die Schleiereule

065

An ihrer weißlichen Unterseite mit den schwarzen Punkten ist die Schleiereule leicht zu erkennen, denn so hell ist sonst keine der heimischen Eulen. Auch das herzförmige Gesicht ist typisch. Die Oberseite ist vor allem grau und orange. Die Schleiereule jagt erst, wenn es richtig dunkel ist. Dann hörst du ihre unheim-lichen kreischenden und fauchenden Rufe.

Altvogel und Jungvögel

Mach mit!

Warst du schon mal nachts auf Eulenexkursion? Das ist ganz schön spannend. Suche ein Gebiet mit Bauernhöfen aus, wo Eulen leben könnten. Dann gehst du im März mit deinen Eltern in der Dämmerung dorthin und wartest, bis es dunkel wird. Vielleicht hörst du ja eine der Eulen rufen. Naturschutzverbände bieten auch Eulenwanderungen an.

Die Schleiereule brütet in Scheunen, Kirchtürmen und verlassenen Häusern. Wichtig sind Felder, Obstwiesen und Gärten in der Nähe, wo sie auf die Mäusejagd gehen kann. Sie nimmt auch spezielle Nistkästen an, die oben an Scheunen und Türmen aufgehängt werden.

Die Schleiereule wird 33 bis 39 cm groß.

Die Schleiereule kommt ganzjährig vor.

Jan | Feb | Mär | Apr | Mai | Jun | Jul | Aug | Sep | Okt | Nov

Die Straßentaube

066

Die typische Straßentaube gibt es nicht. Sie kommt mit bräunlichem, schwärzlichem oder weißlichem Gefieder vor. Häufig ist sie jedoch einfach grau gefärbt und schimmert am Hals grünlich und violett, denn ursprünglich stammt sie von der Felsentaube ab. Schon seit ca. 7000 Jahren werden Tauben wegen ihres leckeren Fleischs, aber auch als zuverlässige Brieftauben gezüchtet. Männchen und Weibchen geben dumpfe Gurrlaute von sich: „**gurr**" oder „**grou-u**".

Schau genau!

Beobachte die Straßentauben mal beim Trinken am Brunnen und vergleich sie mit anderen Vögeln. Diese müssen immer den Kopf heben, damit das Wasser die Kehle hinunterfließen kann. Nicht so die Tauben, sie gehören zu den wenigen Vögeln, die das Wasser aufsaugen können.

Da sie von der Felsentaube abstammen, lieben auch die Straßentauben klippenartige Felsen. Sie bauen ihre kargen Nester auf Fenstersimsen oder in Nischen von Gebäuden. Straßentauben brüten zwei bis vier Mal im Jahr. Da sie mit ihrem Kot die Gebäude verschmutzen, wird versucht, die Anzahl der Tauben klein zu halten.

Die Straßentaube wird 29 bis 35 cm groß.

Die Straßentaube kommt ganzjährig vor.

Feb | Mär | Apr | Mai | Jun | Jul | Aug | Sep | Okt | Nov | Dez

Die Ringeltaube

067

Die Ringeltaube ist die größte Taube Europas. Ihr Körper wirkt recht dick im Gegensatz zum relativ kleinen Kopf. Das Gefieder ist blaugrau mit rosavioletter Brust. Der weiße Fleck am Hals fällt sofort auf, ebenso die weißen Streifen im Flügel, wenn sie fliegt. Beim Auffliegen hörst du oft ein Flügelklatschen. Sie ruft vier- bis fünfmal hintereinander „**gurrr-gurr-gurr**".

Schau genau!

Viele Vogelarten machen im Frühling nicht nur mit ihrem Gesang auf sich aufmerksam und grenzen so ihr Revier ab. Sie verbinden ihren Gesang mit besonderen Flugmanövern, den Balzflügen. Die Ringeltaube steigt zunächst 20 bis 30 m hoch in die Luft, um dann mit gestreckten Flügeln und gespreiztem Schwanz wieder abwärts zu gleiten. Am höchsten Punkt hörst du sie mit den Flügeln klatschen. Den Balzflug wiederholt sie bis zu fünfmal hintereinander.

Die Ringeltaube brütet sowohl in Laubwäldern als auch in offenen Landschaften mit Baumgruppen und vielen Hecken. Aber auch in Parks, Gärten und auf Friedhöfen kommt die Ringeltaube vor. Im Winter bilden sich größere Schwärme, die auf den abgeernteten Getreidefeldern nach übrig gebliebenen Körnern suchen. Im Wald suchen sie nach Bucheckern und Eicheln.

Die Ringeltaube wird 38 bis 43 cm groß.

Die Ringeltaube kommt ganzjährig vor.

Jan | Feb | Mär | Apr | Mai | Jun | Jul | Aug | Sep | Okt | Nov

Die Hohltaube

068

Die Hohltaube ist eine unauffällige Taube. Von der Größe und Statur her sieht sie einer Stadttaube recht ähnlich. Das Gefieder ist blaugrau, an der Brust rötlich und weist einen grünlich schillernden Fleck an den Halsseiten auf. Gute Kennzeichen sind die gelbe Schnabelspitze und das Fehlen von Weiß im Gefieder. Die Hohltaube ruft im Frühjahr dumpf „**oo-up**".

Mach mit!

Hast du einen Garten mit großen Bäumen, kannst du für die Hohltaube auch Nistkästen aufhängen. Bei Naturschutzverbänden bekommst du sicher eine Bauanleitung. Selbst wenn keine Hohltaube darin brüten sollte, finden solche Kästen bestimmt einen Abnehmer. Dann ziehen dort Wespen, Hornissen oder Fledermäuse ein.

Der grüne Halsfleck fehlt bei jungen Hohltauben.

Im Gegensatz zu den anderen heimischen Tauben brütet die Hohltaube in natürlichen Baumhöhlen von alten Eichen oder Platanen. Solche Bäume sind allerdings selten geworden. Am liebsten aber sucht sie sich verlassene Schwarzspechthöhlen.

Die Hohltaube wird 28 bis 32 cm groß.

Die Hohltaube kommt von März bis Oktober vor.

Feb | Mär | Apr | Mai | Jun | Jul | Aug | Sep | Okt | Nov | Dez

Die Türkentaube

069

„**Du-duh-du**“ ruft die Türkentaube von einem Hausdach und macht so auf sich aufmerksam. Die relativ kleine, langschwänzige Taube hat ein einheitlich sandbraunes Gefieder, an dem dir bestimmt schon das schwarze Nackenband aufgefallen ist.

vor ca. 100 Jahren

heutige Verbreitung

Die Türkentaube ist ein Kulturfolger. Du findest sie in Städten, Dörfern, Parks und Gärten. Das Nest besteht aus lose zusammengeworfenen trockenen Zweigen und sieht sehr unfertig aus. Darin werden zwei- bis dreimal im Jahr zwei Junge großgezogen. Im Winter kommen Türkentauben auch an die Futterhäuschen.

Erstaunlich!

Seit ca. 100 Jahren breitet sich die Türkentaube aus dem Südosten Europas rasant aus. Noch um 1950 gab es keine brütenden Türkentauben in Deutschland. Heutzutage hat sie ganz Westeuropa erobert. Solche Ausbreitungen von Vogelarten kommen immer wieder vor, meist verlaufen sie aber nicht so schnell wie bei dieser Vogelart.

Die Türkentaube wird 31 bis 34 cm groß.

Die Türkentaube kommt ganzjährig vor.

Jan | Feb | Mär | Apr | Mai | Jun | Jul | Aug | Sep | Okt | Nov

Der Grauspecht

070

Der Grauspecht und der Grünspecht auf der nächsten Seite sehen sich sehr ähnlich. Der Grauspecht ist nur etwas kleiner. Am besten erkennst du ihn am grauen Kopf. Außerdem ist beim Männchen nur die Stirn rot gefärbt. Beim Weibchen fehlt das Rot am Kopf ganz. Seine Rufe klingen etwas trauriger als die des Grünspechts und nicht so lachend.

Mach mit!

Beim Grauspecht stehen Ameisen ganz oben auf dem Speiseplan. So siehst du ihn häufig auf der Wiese sitzen, wo er nach Ameisen sucht. Deshalb solltest du im Garten die Rasen- und Wiesenameisen am Leben lassen, auch wenn sie vielleicht kleine Erdhügel auf dem Rasen bauen.

Wie den Grünspecht findest du den Grauspecht auf Obstwiesen, in Parks, großen Gärten und auf Friedhöfen. Er lebt auch häufig in der Nähe von Gewässern. Im Winter kannst du ihn an Futterstellen beobachten, wo er vor allem das Fettfutter frisst.

Der Grauspecht wird 27 bis 32 cm groß.

Der Grauspecht kommt ganzjährig vor.

Feb | Mär | Apr | Mai | Jun | Jul | Aug | Sep | Okt | Nov | Dez

Der Grünspecht 071

Der Grünspecht hat eine vorwiegend grüne Oberseite, eine kräftig rote Kopfkappe und eine schwarze Augenmaske. Das Männchen hat einen roten, schwarz umrandeten Bartstreif. Beim Weibchen ist der Bart einfarbig schwarz. Im Frühling ruft er laut lachend „**kjü-kjü-kjü-kjü-kjü**". Trommelgeräusche wie beim Buntspecht hörst du dagegen nur selten. Oft wird der Grünspecht auch als Erdspecht bezeichnet, weil er häufig auf dem Boden sitzt, um Ameisen zu erbeuten.

Wichtig zu wissen!

Die Hauptnahrung des Grünspechts sind Ameisen. Dabei kommt seine lange Zunge zum Einsatz, die mit ihren 10 cm weit in die Ameisengänge hineineinreicht. Auch im Winter wollen die Grünspechte nicht auf ihre Lieblingsspeise verzichten und graben auch mal einen Tunnel in den Schnee, um an einen Ameisenhaufen heranzukommen.

Männchen

Ameisenhaufen

Der Grünspecht mag lichte Wälder, alte Obstwiesen, Parks oder Gärten mit alten Bäumen. Beim Nestbau ist er recht bequem. Entweder versucht er, eine verlassene alte Höhle zu finden oder er hackt eine neue in möglichst morsches Holz.

Der Grünspecht wird 30 bis 36 cm groß.

Der Grünspecht kommt ganzjährig vor.

Jan | Feb | Mär | Apr | Mai | Jun | Jul | Aug | Sep | Okt | Nov

Der Eichelhäher

072

Mit seinem „**Rähhh**"-Ruf warnt der Eichelhäher, wenn ein Feind oder Störenfried in sein Reich eindringt. Aber auch an seinem rosabraunen Gefieder mit dem schönen schwarz-blauen Flügelfeld kannst du ihn leicht erkennen. Im Flug fallen der schwarze Schwanz und der weiße Bürzel auf.

Der Eichelhäher kommt in Wäldern, Parks und auf Friedhöfen vor. Hauptsache, dort stehen genügend Eichen. Im Herbst frisst dieser Vogel besonders Eicheln, Bucheckern und Früchte. Im Sommer plündert er auch das ein oder andere Singvogelnest.

Wichtig zu wissen!

Der Eichelhäher wird auch Polizist und Gärtner des Waldes genannt. Polizist, weil er jeden ungeliebten Eindringling entdeckt und mit seinen lauten Rufen verrät. Gärtner, weil er unfreiwillig Bäume pflanzt. Im Herbst vergräbt er nämlich wie das Eichhörnchen viele Eicheln und Nüsse als Wintervorrat. Da er aber nicht alle wiederfindet, können so neue Bäume wachsen.

Der Eichelhäher wird 32 bis 35 cm groß.

Der Eichelhäher kommt ganzjährig vor.

Feb | Mär | Apr | Mai | Jun | Jul | Aug | Sep | Okt | Nov | Dez

Die Elster

073

Die Elster ist mit ihrem schwarz-weißen Gefieder und dem langen Schwanz unverwechselbar. Flügel und Schwanz haben bei entsprechendem Lichteinfall einen schönen blaugrün metallischen Glanz. Die Elster ruft laut und ein wenig heiser mehrmals „**tschack-tschack-tschack**".

Wichtig zu wissen!

Die Elster ist zwar diebisch, aber auch besonders schlau. Sie beobachtet zunächst immer alles misstrauisch und genau, bevor sie sich an unbekannte Sachen heranwagt. Diebisch ist sie, weil sie andere Vogelnester plündert.

Zum Brüten benötigt sie vor allem offene Landschaften und Dörfer mit hohen Bäumen. Doch seit es zwischen den Feldern immer weniger Bäume und Hecken gibt, ist sie nach und nach in die Städte gewandert. Hier gibt es in Mülleimern und auf Komposthaufen reichlich zu fressen.

Elster beim Sonnenbad

Die Elster wird 40 bis 51 cm groß.

Die Elster kommt ganzjährig vor.

Jan Feb Mär Apr Mai Jun Jul Aug Sep Okt Nov

Die Dohle

074

Die Dohlen machen mit ihren quäkenden „**Kja**"- und „**Kjäck**"-Rufen auf sich aufmerksam. So kannst du sie gut von den ähnlich aussehenden Krähen unterscheiden. Die Dohle ist auch kleiner als die Krähe und hat einen grauen Nacken und Hinterkopf. Bist du ganz nah dran, siehst du auch ihre leuchtend blauen Augen.

In Städten und Dörfern leben die Dohlen gern in alten Kirchtürmen und Burgruinen. Sie brüten gesellig in Felsnischen und Höhlen, aber auch in Baumhöhlen und großen Nistkästen. Dohlen sind Allesfresser, die ihre Nahrung vor allem auf dem Boden suchen.

Erstaunlich!

Dohlen sind wie die anderen Krähenvögel ziemlich schlau. In einigen Gegenden fliegen sie auf den Rücken von Schafen und zupfen sich für den Nestbau etwas Schafwolle aus deren Fell. Außerdem suchen sie die Schafe nach Insekten ab, die sie fressen. So sind sie für die Schafe und Schäfer sogar noch nützlich.

Die Dohle wird 30 bis 34 cm groß.

Die Dohle kommt ganzjährig vor.

Feb | Mär | Apr | Mai | Jun | Jul | Aug | Sep | Okt | Nov | Dez

Die Rabenkrähe

075

Ein komplett schwarzes Gefieder hat die Rabenkrähe. Selbst die Beine, die Augen und der große, kräftige Schnabel sind schwarz. Ihre krächzenden „**Krah-krah**"-Rufe werden meist drei- bis viermal wiederholt. Im Winter bilden Rabenkrähen oft große Schwärme.

Schau genau!

Östlich der Elbe lebt die Nebelkrähe. Ihren Namen verdankt sie ihrem nebelgrauen Gefieder am Rücken und am Bauch. Die Flügel, der Kopf, der Schwanz und der Brustlatz sind aber genauso schwarz wie bei den anderen Krähen. Raben- und Nebelkrähen sind sehr nah miteinander verwandt. Früher wurden sie unter dem Namen „Aaskrähe" zusammengefasst.

Nebelkrähe

Die Rabenkrähe kommt vor allem in einer abwechslungsreichen Feld-, Wiesen- und Heckenlandschaft vor, hat aber auch die Städte und Dörfer erobert. Sie brütet auf einzeln stehenden Bäumen, am Waldrand und selbst auf Strommasten. Als Allesfresser findet sie besonders in den Städten Nahrung.

Die Rabenkrähe wird 44 bis 51 cm groß.

Die Rabenkrähe kommt ganzjährig vor.

Jan | Feb | Mär | Apr | Mai | Jun | Jul | Aug | Sep | Okt | Nov

Die Saatkrähe

076

Die Saatkrähe unterscheidest du von der Rabenkrähe am besten anhand des Schnabels. Bei der Saatkrähe ist er nämlich grau und unbefiedert. Nur die Jungtiere im Herbst haben noch einen schwarzen Schnabel. Auch die Schnabelform ist anders, sie ist spitz zulaufend. Die Saatkrähe ruft heiser und etwas tiefer als die Rabenkrähe „**krra-krra**“ oder „**korr-korr**“.

Wichtig zu wissen!

In Wohngebieten sind Krähenkolonien nicht gern gesehen, denn so eine große Kolonie kann aus mehreren hundert Paaren bestehen. Das Gekrächze macht nicht nur einen unglaublichen Lärm, die Vögel können auch ziemlich viel Schmutz hinterlassen.

Saatkrähen brüten gern in großen Kolonien in der Feldlandschaft. Dort bauen sie ihre Nester in hohe Bäume. Aber auch in Parks und am Rand von Städten und Dörfern kannst du sie finden. Dann besonders im Winter, weil viele Saatkrähen aus Osteuropa hier bei uns überwintern.

Die Saatkrähe wird 41 bis 49 cm groß.

Die Saatkrähe kommt ganzjährig vor.

Feb Mär Apr Mai Jun Jul Aug Sep Okt Nov Dez

Die Stockente

077

Die häufigste heimische Ente ist die Stockente. Das Männchen ist leicht an dem grün schillernden Kopf, dem gelben Schnabel und der braunen Brust zu erkennen. Das Weibchen ist dagegen schlicht braun gemustert, sodass es auf dem Nest bestens getarnt ist. Du erkennst es an den blauen Federn im Flügel, dem Flügelspiegel.

Weibchen

Männchen

Erstaunlich!

Hast du dich im Winter auch schon gefragt, warum Enten nicht festfrieren, wenn sie mit ihren nackten Füßen auf dem Eis stehen? Das liegt daran, dass sie ihre Füße der Außentemperatur anpassen können. Das Blut, das in die Füße fließt, wird von dem kalten Blut, das von den Füßen kommt, abgekühlt. Die Entenfüße enthalten dadurch im Winter nur kaltes Blut, sodass das Eis nicht auftaut und die Füße nicht festfrieren.

An jedem Parkteich und größeren Gewässer triffst du auf Stockenten. Von ihnen stammen übrigens die weißen Hausenten ab. Manchmal vermischen sich Haus- und Stockenten. Ihre Nachkommen sind dann scheckig gefiedert.

Die Stockente wird 50 bis 60 cm groß.

Die Stockente kommt ganzjährig vor.

Jan | Feb | Mär | Apr | Mai | Jun | Jul | Aug | Sep | Okt | Nov

Der Graureiher

078

Fast so groß wie ein Weißstorch, macht der Graureiher seinem Namen alle Ehre. Denn bis auf die helle Unterseite und etwas Schwarz an Kopf und Flügel ist er einheitlich grau. Dabei fällt der große gelbe Schnabel auf. Im Flug sind die Beine lang gestreckt und der Hals ist s-förmig eingezogen.

Der Graureiher fliegt mit eingezogenem Hals.

Auf der Suche nach Fischen, Fröschen und anderen Wassertieren kommt der Graureiher an verschiedenen Gewässern vor. Selbst in Städten holt er, sehr zum Ärger der Fischfreunde, so manchen Goldfisch aus dem Gartenteich. Graureiher brüten in Kolonien auf hohen Bäumen, manchmal mit Kormoranen zusammen.

Schau genau!

Nicht nur an Gewässern geht der Graureiher auf die Jagd. Vor allem im Winter, wenn viele Teiche zugefroren sind, siehst du ihn häufig auf Wiesen und Äckern stehen. Hier lauert er auf Mäuse oder Maulwürfe. Die Jagdtechnik sieht so aus: langsames Anpirschen, geduldiges Warten und blitzschnelles Zustoßen mit dem Schnabel.

Der Graureiher wird 84 bis 102 cm groß.

Der Graureiher kommt ganzjährig vor.

Feb Mär Apr Mai Jun Jul Aug Sep Okt Nov Dez

Der Weißstorch

079

Sein schwarz-weißes Gefieder, den roten Schnabel und die langen roten Beine kennst du bestimmt. Im Gegensatz zum Graureiher fliegt der Weißstorch mit lang ausgestrecktem Hals. Auf dem Horst, seinem Nest, das er gern auf Dächern baut, hörst du ihn mit dem Schnabel klappern.

Der Weißstorch braucht Gewässer, Feuchtwiesen oder andere ungenutzte Wiesen in Nistnähe, auf denen er seine Nahrung findet. Vor allem Frösche, Insekten, Regenwürmer und Mäuse stehen auf seinem Speiseplan. Leider gibt es solche Wiesen immer weniger, und so ist auch der Storch immer seltener bei uns geworden.

Wichtig zu wissen!

Im September macht sich der Weißstorch auf den langen Weg bis ins südliche Afrika. Da er ein reiner Segelflieger ist, braucht er unbedingt warme Luft unter den Flügeln, also eine gute Thermik. Deshalb vermeidet er es, quer über das Mittelmeer zu fliegen, und nimmt lieber den Umweg über Spanien oder die Türkei nach Afrika. So muss er nur kurze Strecken über das offene Meer fliegen.

Flugrouten des Weißstorchs

Der Weißstorch wird 95 bis 110 cm groß.

Der Weißstorch kommt von März bis September vor.

Jan	Feb	Mär	Apr	Mai	Jun	Jul	Aug	Sep	Okt	Nov

Der Rotmilan

080

Im Flug ist der Rotmilan leicht an seinem tief gegabelten Schwanz zu erkennen. So wurde er früher auch Gabelweihe genannt. Seinen heutigen Namen verdankt er der rostroten Ober- und Unterseite und der roten Schwanzoberseite. Während der Brutzeit ist sein lang gezogenes, schrilles „**Wiiieeee**" oder ein auf- und absteigendes „**liu-iiuh-iiuuu**" häufig zu hören.

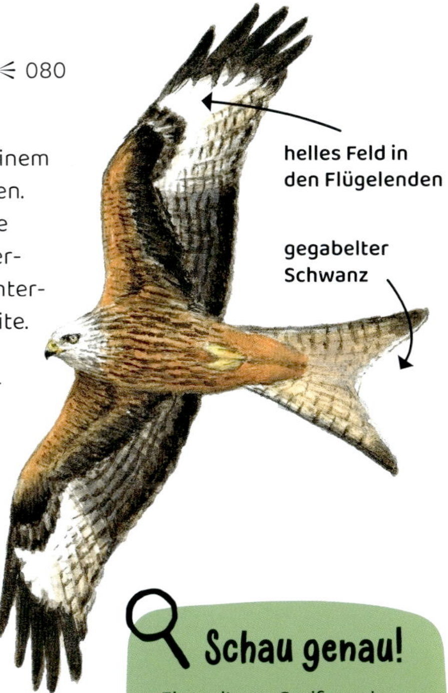

Er brütet an Waldrändern und geht in den angrenzenden Feldern und Wiesen auf die Jagd. Dabei überfliegt er auch nahe gelegene Gärten. In einem relativ langsamen Flug sucht er das Gelände nach kleinen Säugetieren und Vögeln ab. Er frisst aber auch Aas. Das Hauptverbreitungsgebiet ist Mitteleuropa. Rotmilane überwintern im Mittelmeerraum.

Schwarzmilan

Schau genau!

Ein weiterer Greifvogel ist der Schwarzmilan. Sein Schwanz ist nicht so tief eingeschnitten wie beim Rotmilan und der ganze Vogel ist eher grau bis dunkelbraun gefärbt. Typisch sind der langsame Suchflug und die auffälligen Steuerbewegungen mit dem Schwanz. Er lebt gern in der Nähe von Gewässern, weil er die Ufer nach toten Fischen absucht.

Der Rotmilan wird 61 bis 72 cm groß.

Der Rotmilan kommt von März bis Oktober vor.

Feb | Mär | Apr | Mai | Jun | Jul | Aug | Sep | Okt | Nov | Dez

Der Mäusebussard

081

Der Mäusebussard ist unser häufigster Greifvogel. Seine Oberseite ist meist einfarbig dunkelbraun, während die Unterseite sehr variabel sein kann. Es gibt Vögel mit sehr heller, aber auch welche mit sehr dunkler Unterseite. Im Flug fällt am Schwanz die schwarze Endbinde auf und am Flügel der dunkle Flügelhinterrand sowie die dunklen Flecken am Flügelbug. Wie eine Katze ruft er miauend „**hi-äe**“.

Erstaunlich!

Alle Greifvögel können extrem gut sehen. So auch der Bussard. Dank seiner guten Augen kann er eine kleine Maus aus 350 m Höhe auf der Wiese entdecken. Wir würden sie erst ab 50 m Entfernung erkennen. Damit sind seine Augen etwa sechsmal so gut wie die eines Menschen, denn seine Netzhaut hat mehr Sinneszellen als die des Menschen. Das ist wie bei einer Digitalkamera, die mehr Pixel aufzeichnet.

Sein Nest baut dieser Greifvogel in Wäldern und an Waldrändern auf hohen Bäumen. Zur Mäusejagd kommt er aber auf die offenen Wiesen, Weiden und Äcker. Häufig siehst du den Bussard, wie er sich segelnd in kreisenden Flügen immer höher in den Himmel schraubt.

Mäusebussard im Segelflug

Der Mäusebussard wird 46 bis 58 cm groß.

Der Mäusebussard kommt ganzjährig vor.

Jan Feb Mär Apr Mai Jun Jul Aug Sep Okt Nov

Der Kolkrabe

082

Oft werden Krähen als Raben bezeichnet, aber der einzige richtige Rabe in Deutschland ist der Kolkrabe. Er ist zwar genauso schwarz wie eine Rabenkrähe, aber deutlich größer und hat einen sehr kräftigen Schnabel. Häufig hört man erst seine tiefen und rauen „**Korrk-korrk**"-Rufe oder ein warnendes „**Rack-rack-rack**". Im Frühling ruft er auch laut wie ein Gong „**klong**". Der Kolkrabe ist unser größter Singvogel.

Schau genau!

Kolkraben gelten als ziemlich schlau und verspielt. Das lässt sich gut im Frühjahr während der Balz beobachten. Dann vollführen die Paare die abenteuerlichsten Flugspiele, indem sie dicht nebeneinander fliegen, sich Verfolgungsjagden liefern, Sturzflüge machen oder sogar kurz auf dem Rücken fliegen.

Vor 70 Jahren galt der Kolkrabe noch als Schädling und wurde so stark gejagt, dass es nur noch in den Alpen und in Schleswig-Holstein ein paar Vögel gab. Heute lebt er wieder in großen Waldgebieten, Mittelgebirgen und auf Heideflächen. Schon Ende Februar beginnen die Kolkraben mit dem Brüten auf Bäumen oder Felsen. Die Paare bleiben ein Leben lang zusammen.

Der Kolkrabe wird 54 bis 67 cm groß.

Der Kolkrabe kommt ganzjährig vor.

Feb | Mär | Apr | Mai | Jun | Jul | Aug | Sep | Okt | Nov | Dez

Was ist ein Gartenvogel?

Was ist ein Gartenvogel überhaupt? Diese Frage ist gar nicht so einfach zu beantworten, denn eigentlich leben die Arten in den verschiedensten Lebensräumen. Die meisten Arten sind eigentlich in Wäldern zu Hause, etwa die Amsel oder die Blaumeise. Aber es gibt auch Arten, die ursprünglich in der Steppe (Haussperling), in den Bergen (Hausrotschwanz) oder an Gewässern (Stockente) vorkommen. Finden sie in den Gärten Schutz, genug zu fressen und einen Brutplatz, gewöhnen sie sich an die neue Umgebung und auch an den Trubel in den Städten.
Willst du die Vögel beobachten, brauchst du neben guten **Augen** auch gute **Ohren**, denn viele Arten machen erst mit ihrem Gesang oder ihrem Ruf auf sich aufmerksam.
Außerdem helfen dir die Vogelstimmen bei der Bestimmung der Arten. Mit der „KOSMOS Plus“-App kannst du die Gesänge der Vögel direkt anhören und mit den Rufen der Vögel aus der Natur vergleichen. Mehr Infos dazu findest du auf den Buchklappen. Schließlich ist auch ein bisschen **Geduld** wichtig, denn manchmal dauert es, bis du den Vogel im Baum oder im dichten Gebüsch entdeckt hast.

Wichtig zu wissen!

Eine ganz wichtige Regel ist: Sei möglichst leise, denn Vögel sind scheue Tiere! Wenn sie dich gar nicht bemerken, kannst du sie am besten beobachten.

Auf den Schnabel geschaut

Achte mal auf die Schnäbel der Vögel. Es gibt **dünne, spitze, kräftige, dicke, lange, kurze oder hakenförmige Schnäbel**. Der Schnabel eines Vogels ist so geformt, dass er sein Lieblingsfutter am besten fressen kann.

Zaunkönig und **Grauschnäpper** fangen mit ihren feinen und spitzen Schnäbeln **Insekten** wie mit einer Pinzette.

Der Schnabel von **Spatz** und **Grünling** ist viel dicker und kräftiger gebaut, damit sie leicht **Samenkörner** aufknacken können.

Die **Amsel** hat einen Allesfresserschnabel. Der ist sowohl spitz, um Insekten fangen zu können, als auch lang und kräftig genug, um damit in der Erde nach **Regenwürmern** zu stochern.

Wichtig zu wissen!

Natürlich fressen die Vögel nicht ausschließlich das Futter, auf das ihr Schnabel spezialisiert ist. Zum Beispiel frisst der Spatz nicht nur Samenkörner. Besonders im Sommer schnappt er sich auch oft ein paar Insekten und zieht damit seine Jungen groß. Und wenn im Winter die Insekten knapp werden, sieht man manchmal den Zaunkönig, wie er sich am Futterhäuschen am Weichfutter bedient.

Schau genau!

Mit etwas Übung reicht meist schon ein kurzer Blick auf den Schnabel, um die Vorlieben des Vogels einschätzen zu können. Das hilft dir auch bei der Bestimmung eines Vogels, du kannst ihn dann in eine bestimmte Gruppe einordnen. Probier es einfach mal aus!

Wer mag was?

Finken

Sperlinge

Ammern

Diesen Vögeln bietest du am besten eine **bunte Körnermischung** an, zum Beispiel **Sonnenblumenkerne, Hanf, Mohn** oder **Leinsamen**. Die streust du entweder in ein **Futterhäuschen** oder füllst sie in einen **Futterspender**.

Körnermischung

Rotkehlchen

Braunellen

Zaunkönige

Die meisten Weichfresser fliegen im Winter in den Süden. Nur wenige – wie Rotkehlchen, Heckenbraunelle und Zaunkönig – bleiben im Winter hier. Sie bleiben an den Futterstellen lieber im Randbereich und in Bodennähe. Dort fressen sie, was vom Meisenknödel oder Futterhäuschen auf den Boden fällt. Auf ihrem Speiseplan steht im Winter neben den wenigen **Insekten** das Fettfutter, zum Beispiel **in Öl getränkte Haferflocken, Rindertalg** oder kleine Samen wie **Mohn** und **Hanf**. Eine **Futterstelle auf dem Boden** ist ideal für sie.

Haferflocken

Drosseln

Stare

Lass im Herbst ein paar **Äpfel** und **Birnen** am Baum hängen. Das ist keine Verschwendung, denn Drosseln und Stare fressen gern Obst. Du kannst ihnen im Winter aber auch eine **Schale mit Obst und Rosinen** nach draußen stellen.

Obst

Allseits beliebt
Leicht aufhängen kannst du auch die bei fast allen Vögeln beliebten **Körner-Fett-Gemische**. Sie werden meist als **Meisenknödel** oder **Meisenringe** angeboten. Selbst Amseln hängen sich oft mühselig flatternd an einen Knödel, um an das Fett heranzukommen. Genauso gern werden die energiereichen **Erdnüsse** gefressen.

Erlenzeisig

Fettfutter selber machen

Fettfutter selber machen

Fettfutter gehört im Winter zu den wichtigsten **Energielieferanten**. Mit relativ wenig Aufwand lässt es sich leicht selbst herstellen. Du brauchst dafür etwas Rindertalg vom Metzger (am besten schon ausgelassen) oder ungehärtetes Kokosfett. Das Fett lässt du in einem Topf schmelzen. Damit es bei starkem Frost nicht zu hart wird, gibst du auf 500 g Fett noch 2–3 Esslöffel Speiseöl. Dazu gibst du nun die doppelte Menge an Sonnenblumenkernen, andere Sämereien, Haferflocken, gemahlene oder gehackte Erdnüsse, Weizenkleie oder getrocknete Beeren. Alles gut mischen, bevor es wieder hart wird. Dann füllst du die Masse in Gefäße, die du raushängen kannst. Das kann eine ausgehöhlte Astscheibe sein, ein kleiner Blumentopf oder Ausstechformen (Tipp: mit Form aufhängen, sonst zerbröselt alles zu schnell). Oder du schmierst den Brei auf Fichten- und Kiefernzapfen oder direkt in die Rinde eines Baums. Dir fallen sicher noch mehr schöne und lustige Formen ein!

Wichtig zu wissen!

Wenn du im Winter fütterst, pass bitte auf, dass das Futter nicht schimmelig wird oder sich zu sehr mit Vogelkot vermischt. Halte die Futterstelle sauber, dann können sich auch keine Krankheiten verbreiten. Kein Brot, keine Kekse oder andere Lebensmittelreste verfüttern! Sie enthalten Gewürze, Salze und Aromen, davon können Vögel krank werden.

selbst gemachtes Fettfutter im Blumentopf

Vögel füttern – das ganze Jahr?

Über das Für und Wider der **Vogelfütterung** ist lange gestritten worden. Heutzutage spricht einiges dafür, die Vögel zu füttern, denn in der Natur wird es für sie immer schwieriger, ausreichend Futter zu finden. Viele landwirtschaftliche Flächen werden so intensiv bewirtschaftet, dass es die **Ackerwildkräuter** schwer haben, sich anzusiedeln. Und auch bei der Getreideernte fallen kaum noch Körner auf den Boden. Außerdem werden Feldgehölze und Hecken abgeholzt, weil sie der modernen Landwirtschaft häufig im Weg sind.

Dieses Gartenrotschwanz-Männchen hat Insekten für seine Küken gefunden.

Forschende haben jetzt festgestellt, dass auch die **Insekten** immer weniger werden. An vielen Stellen ist in den letzten 15 Jahren die Anzahl an Insekten um mehr als die Hälfte zurückgegangen. Das bedeutet, dass die Vogeleltern vor allem in der Brutzeit länger zur Futtersuche brauchen. Kommt dann noch schlechtes Wetter dazu, sterben viele Jungvögel. Deshalb ist es auch sinnvoll, im Sommer zu füttern. Die Vogeleltern stärken sich schnell an der Futterstelle und haben dann mehr Zeit für die Suche nach Insekten. Denn Vogelfutter ist für die Aufzucht der Küken ungeeignet.

In der modernen Landwirtschaft ist kein Platz für Hecken und Ackerwildkräuter.

Nistkästen

Höhlenbrüter haben es schwer, einen geeigneten Nistplatz zu finden. Es gibt nur noch wenige Gärten mit alten Bäumen und natürlichen Höhlen. Auch Hausdächer, wo Spatz oder Mauersegler unter den Dachziegeln einziehen können, werden seltener. Doch mit einem geeigneten Nistkasten kannst du dafür sorgen, dass sich die ein oder andere Vogelart dauerhaft in einem Garten niederlässt.
Die beiden häufigsten Nistkastenmodelle sind der **Höhlen-** und der **Halbhöhlenkasten**. Für einige Arten wie Mauersegler, Star, Baumläufer oder Schwalben gibt es ganz **spezielle Nisthilfen**.

Höhlenkasten

In den Höhlenkasten gehen vor allem die **Kohl- und die Blaumeise**, weshalb er auch Meisenkasten genannt wird. Aber auch **Haussperlinge, Kleiber, Trauerschnäpper** oder **Gartenrotschwänze** brüten in Höhlen.

Höhlenkasten und Kohlmeise

Halbhöhlenkasten

Hängst du einen **Halbhöhlenkasten** auf, können sich **Hausrotschwanz, Grauschnäpper, Bachstelze** oder **Zaunkönig** einfinden.

Halbhöhlenkasten und Grauschnäpper

Nistkastenbau

Willst du einen **Meisenkasten selbst bauen**? Das ist gar nicht so schwer. Mit etwas Hilfe beim Sägen und Bohren ist das leicht gemacht.
Du brauchst mindestens 18 Millimeter dicke Fichten- oder Kiefernholzbretter (dünneres Holz isoliert nicht so gut), ca. 20 Holzschrauben, zwei Wiener Reiber oder gerade Schraubhaken und einen Bohrer für ein ca. 2,6–3,5 Zentimeter großes Einflugloch.

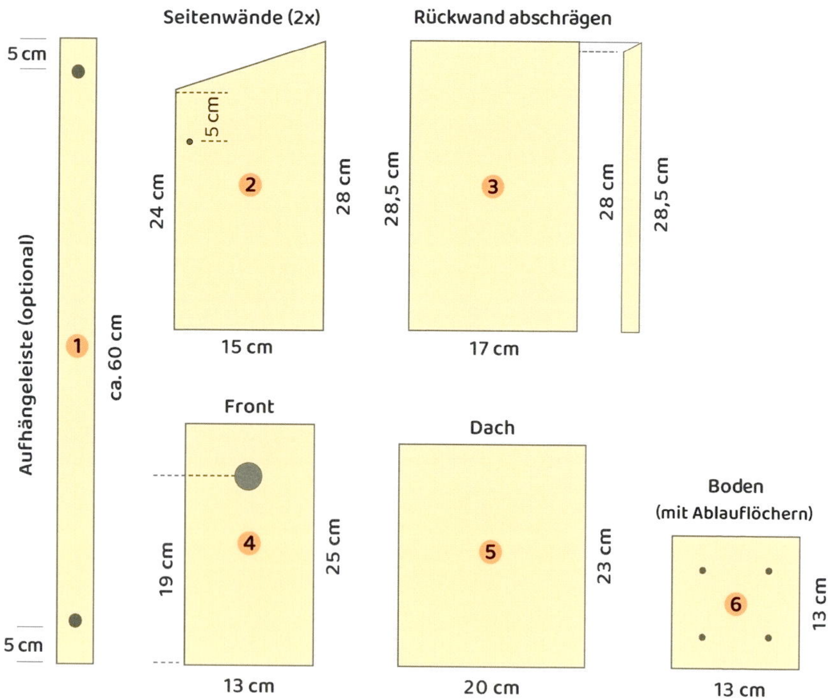

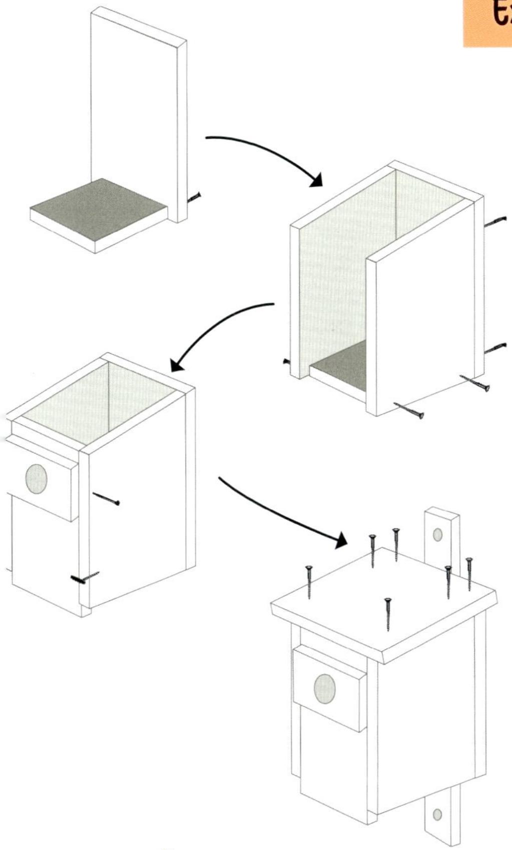

Wichtig zu wissen!

Im Herbst kontrollierst du die Nistkästen und schaust, ob ein Vogel darin gebrütet hat. Das alte Nest holst du dabei gleich heraus, denn darin wohnen noch eine ganze Menge Parasiten wie Vogelflöhe oder Milben. Wenn du sie nicht entfernst, würden sie sich im nächsten Jahr ausgehungert auf die Vögel und ihre Jungen stürzen. Deshalb trägst du beim Reinigen besser Handschuhe und eine geschlossene Jacke.

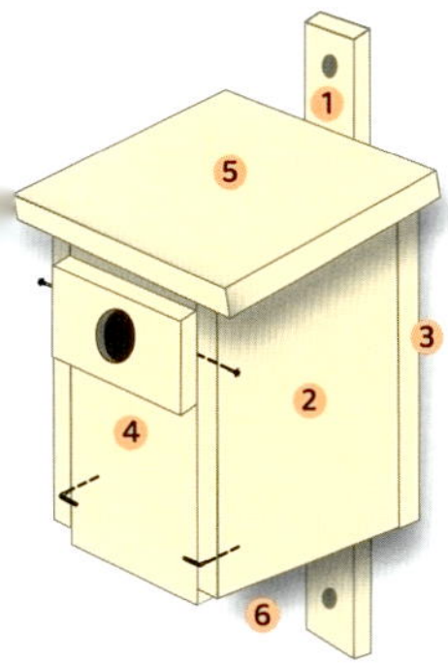

Wichtig zu wissen!

Du kannst den Nistkasten zu jeder Jahreszeit aufhängen. Einige Arten legen ihren Brutplatz schon im Herbst fest und benutzen den Kasten dann zum Schlafen.

Nistkästen richtig aufhängen

Kohlmeise an ihrem Nistkasten

Damit in deine Nistkästen auch die gewünschten Vögel einziehen, musst du noch einige Dinge beim Aufhängen beachten:
In welcher **Höhe** du ihn aufhängst, ist relativ egal, wichtig ist nur, dass die Vögel ungestört brüten und ihre Jungen aufziehen können. Daher kannst du ihn im Garten ruhig tiefer hängen, weil hier niemand stört. An öffentlichen Bäumen sollte dein Nistkasten so hoch hängen, dass niemand an ihn herankommt. Häng ihn aber auf jeden Fall so auf, dass sich keine Katzen, Marder oder Elstern direkt davorsetzen oder mit ihren Pfoten hineinkommen können. Achte darauf, dass das **Einflugloch** Richtung Osten oder Südosten zeigt. So bleibt es im Nistkasten schön trocken und es zieht nicht, denn Regen und Wind kommen meist aus Westen.
Vögel mögen es nicht, wenn der Kasten den ganzen Tag im Schatten hängt oder von der Mittagssonne zu sehr aufgeheizt wird. Such also einen ausgewogenen **Standort** aus.
Wenn du den Kasten mit einem Nagel am Baum befestigst, nimm einen **Aluminiumnagel**, das ist besser für den Baum. Falls du keinen Aluminiumnagel hast, kannst du den Kasten einfach mit einem **Draht** an einen Ast hängen.
Willst du **mehrere Nistkästen** aufhängen, sollten sie nicht alle an einem Baum hängen, sondern gut über den Garten verteilt sein. Du kannst ihn auch an einer Hauswand anbringen.

Mach mit!

Viele Vogelarten polstern ihr Nest mit weichen Federn oder Tierhaaren aus. Füll ein altes Zitronennetz mit Federn oder Schafwolle und häng es so in einem Baum auf, dass es nicht nass wird, zum Beispiel mit einem Dach aus Rinde. Haben die Vögel es entdeckt, werden sie begeistert sein!

Federspender für den Nestbau

Dem Vogel auf der Spur

Sicher hast du schon mal Vogelspuren wie zum Beispiel **Federn, Eierschalen, Nester** oder Ähnliches gefunden. Aber zu welchem Vogel gehören sie? Mit etwas Detektivarbeit und Erfahrung wirst du bald herausfinden, wer welche Spuren hinterlassen hat.

Mach mit!

Schreib auf, welche Vogelspuren du wo und wann gefunden hast und was du daraus schließt. Wenn du Spuren findest, die du nicht einordnen kannst, schreib sie trotzdem auf oder fotografiere sie. Mit der Zeit wirst du nämlich immer geübter und kannst später vielleicht das Rätsel lösen.

Nester

Das Amselnest erkennst du leicht, weil es eine feste Schicht aus Erde und Lehm enthält.

Amselnest

Gut versteckt im Efeu oder in einer Nische baut der Zaunkönig sein kugeliges Moos- und Laubnest.

Zaunkönig am Nest

Die Elster hat ihr Nest weit oben in den Baumwipfeln aus einer Ansammlung von Zweigen. Der Specht hämmert seine Höhle in den Baumstamm.

Spechthöhle in einem Baumstamm

Fußspuren

Im Winter hinterlassen viele Vögel ihre Abdrücke im Schnee. An Seeufern findest du die Spuren von Enten und Gänsen mit ihren Schwimmhäuten oder die großen Abdrücke des Graureihers mit der langen Hinterzehe.

Amsel

Ente

Eichelhäher

Waldohreule

Federn

Alle Vögel müssen regelmäßig ihre Federn erneuern. Wenn du ausgefallene Federn findest, kannst du versuchen, sie zu bestimmen. Eulenfedern haben feine Härchen auf der Oberfläche und sind ganz weich. Die blau-schwarz gebänderten Flügelfedern hat nur der Eichelhäher. Je besser du die Vögel kennst, desto leichter wirst du die Federn zuordnen können.

Der vogelfreundliche Garten

Eigentlich ist es nicht schwer, sich vorzustellen, wie ein vogelfreundlicher Garten aussehen sollte, denn das Wichtigste ist, dass sich die Vögel wohlfühlen. Und wann fühlen sie sich wohl? Wenn es genug zu fressen und auch zu trinken gibt und wenn sie in Bäumen und dichten Sträuchern Deckung oder sogar einen Brutplatz finden können.

Soll es genug zu fressen geben, ist die Auswahl der **Büsche, Stauden** und **Blumen** wichtig. Achte darauf, dass es heimische Pflanzen sind. Fremde Arten tragen manchmal kaum Früchte, die Insekten mögen die Pflanzen nicht und manche sind sogar giftig. Die Forsythie zum Beispiel blüht im Frühjahr wunderschön gelb. Aber nur eine Vogelart frisst ihre Früchte, falls sie überhaupt welche trägt. Im Gegensatz dazu sind die Früchte vom **Schwarzen Holunder** sehr begehrt. Sie werden im Frühsommer reif.

Die Eberesche heißt auch **Vogelbeere**, weil über 50 verschiedene Vogelarten ihre Beeren mögen. Auch die **Insekten**, die in den verschiedenen Sträuchern leben, sind wichtig. Allein am **Schwarzdorn** (Schlehe) kommen bis zu 200 Insektenarten vor und können den Vögeln als Futter dienen.

An einer Forsythie finden Vögel nur wenige Insekten zum Fressen.

Wacholderdrosseln lieben Vogelbeeren.

Ein Magnet für Vögel sind auch Komposthaufen, weil es da nur so von Krabbeltieren wimmelt. Hier ist ein Kompostwurm unterwegs.

Mach mit!

Große Fensterscheiben können zur tödlichen Gefahr für Vögel werden. Sie erkennen die Fenster nicht als Hindernis und fliegen dagegen. Mit einfachen Mitteln kannst du das verhindern, zum Beispiel mit einem Vorhang, mit Fensterbildern aus Fingerfarben, Warnstickern oder Streifen aus Klebefolie.

Warnsticker

Oft sind es auch nur Kleinigkeiten, die viel ausmachen, zum Beispiel eine saubere **Wasserstelle**, wo die Vögel trinken und baden können. Das geht auch auf einem Balkon. Oder du richtest an einer sonnigen Stelle einen **Sand- und Staubbadeplatz** ein.

Ein Sandbad ist bei Spatzen sehr beliebt!

Eine wilde Ecke bietet vielen verschiedenen Tieren einen Lebensraum.

Lasse im Herbst unter Stauden und Büschen das **Laub** liegen, denn dort verstecken sich über den Winter viele Insekten. Beobachte, wie die Amsel die Blätter mit dem Schnabel beiseiteräumt und nach Insekten sucht. Werden im Herbst Sträucher und Bäume geschnitten, kannst du daraus einen **Holz- oder Reisigstapel** bauen. Zaunkönig und Rotkehlchen lieben solche Verstecke! Sie finden dort sicher etwas zu fressen oder sogar einen Brutplatz. Ansonsten freut sich vielleicht ein Igel darüber. Auch ein lockerer **Steinhaufen** ist für so manchen Vogel interessant.

Der vogelfreundliche Garten sollte also möglichst vielfältig sein. So kann er den unterschiedlichsten Arten etwas bieten. Klar ist: Auf **Gifte** wird im Garten **verzichtet**.

Vögel im Jahresverlauf

Die Vogelarten im Garten ändern sich im Laufe des Jahres. Es gibt zwar ein paar Arten, die immer da sind, aber selbst die sind in bestimmten Jahreszeiten auffälliger oder heimlicher. Zum „Stammpersonal" gehören sicher der Haussperling, die Amsel und die Elster.

Der Gartenrotschwanz nistet in Höhlen, hier in einem Steinstapel.

Ab dem Monat **März** wird es langsam spannend. Dann kommen die ersten Zugvögel aus ihrem Winterquartier zurück, etwa der Zilpzalp, der Hausrotschwanz oder die Bachstelze.

Ab **April** kehren dann auch die Langstreckenzieher wie Rauch- und Mehlschwalbe oder der Gartenrotschwanz heim. Mit die letzten Zugvögel sind Grauschnäpper und Mauersegler, die erst Anfang **Mai** in unseren Gärten auftauchen.

Zur **Brutzeit** verändert sich die Artenzusammensetzung kaum noch. Einige Arten werden vielleicht heimlicher, wie das Rotkehlchen oder der Gimpel. Du siehst sie dann nicht mehr so oft.

Rauchschwalbenküken warten auf die nächste Fliegenmahlzeit. Die Nester findest du in Ställen und Scheunen.

Erstaunlich!

Bis nach Afrika zu fliegen, kostet die Zugvögel unheimlich viel Energie. Wenn sie in ihrem Winterquartier ankommen, wiegen sie manchmal nur noch die Hälfte ihres vorherigen Gewichts. Je nach Wetterlage fliegen sie die Strecken in vielen Etappen von 80 bis 500 Kilometer am Tag. Kommen die Vögel im Frühjahr zurück, sind sie wieder ausgehungert. Die Früchte des Efeus reifen im März, gerade rechtzeitig für viele Zugvögel wie die Mönchsgrasmücke.

Rauchschwalben fertig zum Abflug in den Süden

Nach der Brutzeit, etwa ab **August**, kommt wieder Bewegung in die Gartenvögel. Einige machen sich recht unauffällig auf ihren Weg in das **Winterquartier**. Andere sammeln sich erst zu großen Trupps und ziehen dann gemeinsam in den Süden, etwa die Stare oder die Schwalben. Hast du jetzt ein paar attraktive Beerensträucher und Samen tragende Stauden wie Holunder, Disteln oder Wegwarte im Garten, kannst du durchziehende Grasmücken und Laubsänger beobachten, die deinen Garten zur Rast nutzen und neue Energie zum Weiterfliegen suchen.

Schwanzmeisen am Winterfutter

Die letzten Veränderungen in der Vogelwelt bringt der **Winter**. Plötzlich tauchen Vögel aus dem Wald in den Gärten auf, die auf der Suche nach Futter umherstreifen, etwa die verschiedenen Meisenarten, der Kleiber oder der Kernbeißer. Mit etwas Glück kommen auch Bergfinken und Seidenschwänze als Wintergäste aus dem hohen Norden vorbei.

Stunde der Gartenvögel

Ob du ganz „normale" Vogelarten in deinem Garten hast, kannst du leicht feststellen, wenn du einmal bei der „Stunde der Gartenvögel" mitmachst. Das ist eine Aktion des NABU, die jedes Jahr am zweiten Maiwochenende stattfindet. Der NABU fordert alle Leute, die Interesse haben, auf, in diesem Zeitraum für eine Stunde die Vögel im Garten oder im Park zu zählen. So kommen unglaublich viele Daten zusammen, die ein gutes Bild von der Vogelwelt der Gärten wiedergeben. Auf der NABU-Homepage kannst du dir die Ergebnisse anschauen und sie mit deinen Beobachtungen vergleichen.

Die zehn häufigsten Gartenvögel 2022
Haussperling
Amsel
Kohlmeise
Star
Blaumeise
Feldsperling
Mauersegler
Elster
Ringeltaube
Mehlschwalbe

Auf der NABU-Seite im Internet findest du Zählbögen.

Ein Tarnzelt für die Vogelbeobachtung ist eine coole Sache.

Mach mit!

Bist du schon ein Vogelprofi, kannst du auch am ersten Samstag im Mai beim „Birdrace" mitmachen. Das ist eine Art Vogelrennen. Da zählst du nicht nur eine Stunde lang die Vögel, sondern du versuchst, an einem Tag in einem bestimmten Gebiet zum Beispiel einer Stadt so viele Arten zu entdecken wie möglich. Am besten schließt du dich einer Gruppe mit Erfahrung an.

Mach mit!

Um den Überblick über die Vogelarten in deinem Garten zu behalten, solltest du eine Liste führen. Da kann je nach Größe und Lage des Gartens eine größere Anzahl Arten zusammenkommen. Zählst du auch die Arten mit, die den Garten überfliegen, können es bis zu 100 Vogelarten werden. Wenn du eine Jahresliste führst, kannst du die Jahre miteinander vergleichen.

Beobachtung der Wintervögel

Auch im Winter gibt es eine Zählaktion, die „**Stunde der Wintervögel**". In dieser Zeit sieht die Zusammensetzung der Vögel im Garten ganz anders aus. Viele Gartenvögel sind zwar Standvögel, die auch im Winter bei uns bleiben. Aber gerade von den Insektenfressern sind im Winter viele in den Süden gewandert. Dafür kommen aus dem Norden und Osten Wintergäste bei uns neu dazu. Außerdem wandern auch einige der Standvögel aus den unwirtlichen Bergregionen in die Täler und kommen dann in die Gärten.

Am Futterplatz lassen sich die Vögel gerade im Winter gut beobachten und zählen.

Die zehn häufigsten Wintervögel 2022
Haussperling
Kohlmeise
Blaumeise
Amsel
Feldsperling
Elster
Buchfink
Grünfink
Ringeltaube
Rotkehlchen

Schnelle Suche mit Stichwörtern

© NABU/E. Neuling

Vögel so groß wie ein Spatz

Grünling
40

Stieglitz
41

Bluthänfling
42

Birkenzeisig
43

Haussperling
44

Feldsperling
45

Rohrammer
46

Vögel so groß wie ein Star

Kleinspecht
47

Mittelspecht
48

Buntspecht
49

Wendehals
50

Rauchschwalbe
51

Mauersegler
52

Bachstelze
53

Feldlerche
54

Nachtigall
55